소중한 마음을 담아 _____ 님께 드립니다.

가족이 지니는 의미는
그냥 단순한 사랑이 아니라
지켜봐주는 누군가가 거기 있다는 사실을
상대방에게 알려주는 것입니다.

– 미치 앨봄(작가)

돈 걱정 없는 노후 30년

가족재산 이야기

돈 걱정 없는 노후 30년-가족재산 이야기

초판 1쇄 발행 2009년 5월 1일
초판 17쇄 발행 2023년 8월 31일

지은이 고득성
펴낸이 김선식

경영총괄 김은영
콘텐츠사업본부장 임보윤
콘텐츠사업1팀장 한다혜 **콘텐츠사업1팀** 윤유정, 성기병, 문주연, 김세라
편집관리팀 조세현, 백설희 **저작권팀** 한승빈, 이슬, 윤제희
마케팅본부장 권장규 **마케팅2팀** 이고은
미디어홍보본부장 정명찬 **영상디자인파트** 송현석, 박장미, 김은지, 이소영
브랜드관리팀 안지혜, 오수미, 문윤정, 이예주 **지식교양팀** 이수인, 염아라, 김혜원, 석찬미, 백지은
크리에이티브팀 임유나, 박지수, 변승주, 김화정, 장세진 **뉴미디어팀** 김민정, 이지은, 홍수경, 서가을
재무관리팀 하미선, 윤이경, 김재경, 이보람, 임혜정
인사총무팀 강미숙, 김혜진, 지석배, 박예찬, 황종원
제작관리팀 이소현, 최완규, 이지우, 김소영, 김진경, 양지환
물류관리팀 김형기, 김선진, 한유현, 전태환, 전태연, 양문현, 최창우
외부스태프 구성 강성은, 일러스트 장동일

주소 경기도 파주시 회동길 490
전화 02-704-1724
팩스 02-703-2219
이메일 dasanbooks@hanmail.net
홈페이지 www.dasanbooks.com

펴낸곳 다산북스
출판등록 2005년 12월 23일 제313-2005-00277호
종이 북토리
인쇄·제본 북토리
코팅 및 후가공 북토리

ISBN 978-89-6370-094-6 (03320)

돈 걱정 없는 노후 30년

가족재산 이야기

고득성 지음

재테크의 목적은 가족의 행복이다!

당신이 눈에 보이는 재산에 집착하기 쉬운 30대라면 아직 어린 자녀의 미래를 위해 이 책을 읽기 권한다. 또 사회에서 중추적인 역할을 하는 40대라면, 이제 막 꿈을 펼치기 시작한 사랑스런 자녀와 배우자를 위해 가족의 공동재산을 관리하고 키워나갈 수 있는 지침을 마련하는 데 이 책에서 도움을 받기 원한다. 당신이 50대가 넘어 이 책을 발견했다면 지금 이 책을 읽어도 늦지 않다. 자녀와 배우자에게 무엇을 남기고 무엇을 남겨서는 안 되는지 이 책을 통해 구체화시킬 수 있을 것이다. 그리고 만약 당신이 누군가의 도움을 받아야 할지 모르는 인생의 황혼기에 서 있다면 평생 쌓은 공든 탑을 아름답게 보존하고 성장한 자녀들의 화목한 가정을 위해서 이 책을 읽기를 바란다.

평균 100세의 고령화시대를 살아가는 요즘, 사람들의 공통 관심사는 '돈 걱정 없는 노후'를 보내며 자식들도 모두 무탈하게 잘 사는 것이다. 한 마디로 '돈 걱정, 자식 걱정 없는 삶'이 되지 않을까? 내 가족, 내 자녀, 내 배우자에 대해 의미를 부여하며 미래를 걱정하는 사람이 늘고 있지만, 현실적으로 준비하고 계획하는 사람은 그리 많지 않다.

가족은 정신적인 쉼터이며 가장 든든한 우리의 후원자이다. 우리가 돈을 많이 벌려고 하고 더 잘 투자하려는 재테크의 참의미도 가족이 잘 되었으면 하는 바람에서 출발한다. 재테크를 다루는 많은 책들이 당장 돈이 되는 것에만 집중하며 그 진정한 목적과 방향성을 잃고 있는 지금 나는 내 가족, 내 자녀, 내 배우자에 대한 배려와 사랑에 대한 표시로 '가족재산'을 이야기하고 싶었다. 정신적인 가치가 담긴 가족재산이 자녀의 달란트를 계발하는 데 쓰인다면 본래의 가족재산보다 더 큰 수십 배의 가치와 행복을 가져올 수 있을 것이다. 가족재산의 의미를 공유하고 돈을 버는 의미를 자녀에게 전달하는 것이 가장 확실하고 안전한 재테크가 아닐까.

그런데 내 가족, 내 자녀를 걱정하며 돈을 번다고 말하는 사람들 중 상당수가 돈을 벌어서 어느 정도 재산을 만든 다음에 가족을 위한 준비를 실행하겠다고 한다. 우리나라 사람들은 가족을 사랑하고 배려하는 마음은 누구보다 뜨겁지만 당장 돈이 되고 눈에 보이는 현실에 가로 막혀버려 어떻게 실질적으로 도움을 주는 것이 좋을지 그 표현방법에 서툴다. '돈'이라는 차가운 영역과 가족 배려를 분리시켜왔던 문화에 영향을 받아서 그런 것 같다.

　다행히 지금은 인생주기별 '필요'에 맞추어 목적자금을 설계하는 재무설계가 도입되면서 자녀학자금, 유학자금, 결혼비용 등을 구체적으로 준비해야 하는 이유와 방법에 대하여 사회적인 교육이 잘 되어 있어서 근시안적인 재테크에 치중하던 대중들의 돈 관리법에 균형을 찾아주고 있다. 물론 예전 세대에도 자녀를 위해 집 한 채 마련해주었으면, 전세자금을 만들어주었으면 하는 바탕으로 실천하신 분들도 많다. 하지만 재산을 모은 다음에 늙어서 재산을 물려주는 방법보다는 돈을 벌 때마다 그 수입을 본인과 가족의 미래를 위해 목적별로 준비하는 것이 사회에 기여하고 자녀를 올바른 길로 인도해줄 수 있는 길이라고 생각한다. 가장이 돈을 벌 때, 그 돈을 자기 돈으로 생각하기 쉬운데, 사실 그 돈이 모두 가장의 몫은 아니고 가족구성원의 돈이기도 하기 때문이다. 가장이 돈을 벌어오지만 그 돈 중 일부는 가족 한 명 한 명의 기여분이 포함된 돈이며 그렇기에 가족들의 몫이 거기 숨어있는 것이다.(더 나아가서 가족의 몫뿐만 아니라 사회와 이웃의 몫도 포함되어 있다고 나는 생각한다.) 이렇게 당신이 버는 수입에 대한 관점을 갖고 있다면, 자신의 돈에 대한 관점도 자연히 달라지기 시작할 것이다. 가령, 내가 번 돈이지만 그 돈을 가족이 사용한다면 당연히 가족 몫을 사용한 것이니 가족들이 쓰는 것을 어찌 보면 당연하다고 여길 것이다. 그럼 어떻게 준비하는 것이 좋을까? 나는 실질적인 해결방안으로 매월 수입의 일정비율을 가족 1인을 위해 미리 준비하도록 권장한다. 즉, 가족을 위한 실질적인 배려로, 당신이 버는 돈으로 밑거름 자산을 미리 준비할 것을 권하는 것이다.

2008년 금융위기를 겪으면서 펀드가 반 토막이 나고 가족재산의 기둥인 집값이 떨어지면서 많은 사람들은 느꼈을 것이다. 가족이 소중하다는 사실을. 나는 이번 책을 통해 가장이 평생 땀 흘려 모은 돈의 의미를 상속하는 것이 가장 훌륭한 가족재산이라는 지혜를 나누고 싶다. 아무리 적은 돈이라도 그 돈의 의미를 가족이 함께 공유한다면 수십 배의 가치로 불어날 것이다. 당신 인생의 최고의 순간, 돈을 많이 벌 수 있을 때 가족과 함께하라.

나는 공인회계사업을 수행하면서 1990년대 말에 '가족재산'의 의미를 알게 해준 상속사건을 처음 접했다. 재산을 많이 남긴 사람도 있었지만 빚만 남긴 채 돌아가신 분들도 있었다. 유족들 사이를 오가며 가족에게 나는 어떤 가족재산을 남기고 떠날 것인가를 고민했던 기억이 어렴풋 떠오른다. 그때 이미 가족재산을 주제로 책을 쓰고 싶다는 욕구가 생겨나기 시작한 것 같다.

이 책은 국내 최초로 '상속'을 소재로 한 가족재산 재테크 소설이다. 주인공 김수성의 스무 살 때부터 손자를 볼 때까지 50년 이상의 세월을 소설로 풀었다. 할머니의 재산이 본인의 뜻과는 반하게 상속됨으로써 김수성 가족에게 다가온 시련(제1장)부터 늘 자신과 가족에게 '사랑'

이라는 귀중한 유산을 남긴 어머니와 빚만을 남기고 용서를 구하며 돌아가신 아버지의 애절한 이야기(제2장), 자수성가한 주인공 김수성의 상속 준비와 부모 마음을 몰라주는 자녀들의 가족재산에 대한 동상이몽(제3장), 김수성이 작성한 유언장을 둘러싼 가족의 갈등과 가족재산이 가져다준 가족의 소중한 사랑(제4장)까지 한 편의 드라마가 펼쳐진다. 소설을 따라 읽다 보면 상속 법률의 일반적인 사항까지 쉽게 익힐 수 있다. 또한 부록에서는 법률적인 정확한 이해를 돕기 위하여 사례를 통해 재미있게 풀어쓴 상속 지식이 들어 있다. 다만 50여 년의 긴 세월을 다루고 있기 때문에 시대적 상황이 안 맞는 부분이 있을 수도 있다. 독자들의 이해를 돕기 위해 현재 적용되는 법률적 근거에 따라 이야기를 다듬은 점은 너그러이 이해해주시길 바란다.

이 책은 50만 독자의 지지를 받은 베스트셀러 《돈 걱정 없는 노후 30년》시리즈의 연장이며 완결판이라 할 수 있다. 노후의 현실을 적나라하게 보여준 첫 번째 책과 구체적인 노후 재테크를 보여준 두 번째 책 《돈 걱정 없는 노후 30년-3대 자산 이야기》의 뒤를 잇는 책이다.

이 책을 완성하기까지 도움을 주신 많은 분들께 감사를 드린다. 먼저 이 책의 아이디어와 수많은 사례를 제공해준 공인회계사 시절의 고객들과 SC제일은행의 고객들께 감사의 인사를 드린다. 또한 내용 구성에 피드백을 주며 사례를 보내주신 《돈 걱정 없는 노후 30년》의 독자 여러분들께도 감사의 인사를 드린다. 아마 고객과 독자들의 도움이 없었다면 이 책은 세상에 나오지 못했을 것이다. 그만큼 이 책은 현실에 바탕을 둔 우리 시대의 가족소설이다. 이 책의 시작부터 끝까지 함께해준 다산북스에도 감사의 인사를 드린다.

언제나 나에게 가장 큰 힘과 책의 내용이 되어준 건 바로 가족들이다. 아내 현숙과 재현, 상현 두 아들은 나의 든든한 버팀목으로 내가 돈을 버는 참의미가 되어 주었다. 내가 매달 버는 돈의 일정률은 그들 몫이라 생각한다. 마지막으로, 늘 무한한 지혜와 앞을 내다보는 통찰력을 허락하신 하나님 아버지께 감사드린다. 가족재산 재테크와 목적이 이끄는 재테크의 기본 아이디어는 어렸을 때부터 수입의 십일조를 실천하는 것을 가르쳐준 성경에서 나온 것이다.

아무쪼록 이 책이 우리나라에서 가족이라는 울타리 안에 있는 모든 분들에게 희망을 주고 귀중한 재산을 지키는 첫 이정표가 되었으면 하는 간절한 소망을 가져본다.

- 고득성

contents

유난히 추웠던 어느 겨울

초인종이 울렸다. 누가 왔는지 확인하러 나갔던 정희가 황급히 다시 들어왔다. 그런데 눈빛이 심상치 않았다.

"엄마, 큰일 났어. 밖에 좀 나가 봐."

여동생 정희의 떨리는 목소리에 깜짝 놀란 수성은 수저를 놓고 밖으로 나갔다. 대문 앞에는 양복을 잘 차려 입은 남자와 한 여자가 대여섯 살 쯤 되어 보이는 사내아이의 손을 잡고 서 있었다.

"아직 이 집에 있으면 어쩌겠다는 거야?"

수성을 본 남자는 다짜고짜 소리부터 질렀다. 험악한 말투에다 잔뜩 인상까지 쓴 그는 대문을 발로 쾅 차면서 집으로 들어섰다.

"내 분명 월요일까지 집을 비우라고 일렀는데 도대체 내 말을 귓구멍으로 들은 거야? 콧구멍으로 들은 거야?"

거리낌 없이 구둣발로 마루를 성큼 올라선 그는 손에 잡히는 대로 물건을 집어 던졌다. 벽에 걸려 있던 액자며 마루에 있던 화분들은 물론 방금 전까지 가족들이 밥을 먹던 상까지 가차 없이 날아갔다. 순식간에 집은 쑥대밭이 되었다. 마당에는 밥그릇과 반찬그릇들이 나뒹굴었다.

수성의 어머니 순영은 남자의 바짓가랑이를 잡고 매달렸다.

"그만해요, 제발······."

"이거 놔!"

육중한 몸을 한 남자는 가차 없이 순영의 어깨를 밀쳐냈다.

"이것 보세요. 아줌마. 나가라고 한 지가 언젠데, 여직 이렇게 버티고 있으면 어쩌겠다는 거예요? 뭔 사람이 이렇게 미련스럽대."

함께 온 젊은 여자가 눈을 치켜뜨며 따지듯 말하자 옆에 있던 사내아이가 빽 하고 울음을 터뜨렸다.

"여보, 날도 추운데 직진이 데리고 차에 가 있어, 애가 놀랐잖아."

험악하게 굴었던 남자는 아이를 감싸안으며 부드럽게 달랬다.

그 광경을 지켜보고 있는 수성은 피가 거꾸로 솟는 기분이었다. 온몸이 부르르 떨렸다. 달려가 멱살잡이라도 하고 싶었다. 당장 집에서 나가라고 고함을 지르고 싶었다. 하지만 그럴 수 없었다. 인정하고 싶지 않았지만 그는 수성의 아버지였다.

아이가 나가자 수성의 아버지 김대로는 다시 소리치기 시작했다.

"아저씨, 거기 뭐해요. 빨리 들어와서 짐 나르지 않고."

김대로가 부르는 소리에 용달기사는 쭈볏거리며 다가왔다.

순영은 맥없이 마당에 주저앉았다.

순영 옆에서 울고 있는 정희를 본 김대로가 혀를 차며 말했다.

"딸년이나 어미나 청승 맞게 뭐하는 거야? 내 집에서 나가라는데 뭐가 억울하다고 우는 거야? 그냥 나가라는 것도 아니고 월세보증금은 준다잖아, 에잇 동네 창피하게."

한바탕 소란으로 모여든 동네 사람들이 담벼락에 붙어서 수군거렸다. 사람들의 눈을 의식한 김대로는 집 안으로 쌩하니 들어가 버렸다.

"결국 수성이 아버지가 집을 팔았나 보지."

"아이고! 수성이 할머니 죽어서도 눈 못 감겠네. 그래."

"저런 돼 먹지 못한 인간 같으니라고. 처자식 다 버리고 나가더니 집에서 쫓아내기까지 하네."

사람들이 점점 더 모여들수록 김대로는 주위 시선을 의식하며 인부들을 재촉해서 물건들을 급히 용달차로 날랐다.

김대로는 순영에게 봉투 하나를 내밀었다.

"여기에 죽치고 있을 생각은 말고 지금 당장 집 알아봐."

"여보, 애들을 봐서라도 이러시면 안 돼요. 어떻게……."

김대로는 순영의 말에 대꾸도 하지 않은 채 뒤도 돌아보지 않고 골목길을 빠져나갔다. 이미 대문은 굳게 닫혀 있었다.

남편의 뒷모습을 황망히 바라보던 순영은 다시 주저앉았다.

수성은 아버지에 대한 원망보다 가엾은 어머니 때문에 속으로 눈물을 삼켰다.

'어머니와 정희에게 나약한 모습을 보여선 안 돼.'

세 사람 모두 아무 말도 하지 않고 멍하니 서 있었다.

"자, 아주머니. 빨리 차에 타세요."

용달차 기사가 클랙슨을 누르며 가족들을 재촉했다.

평소와 다름없이 아침밥을 먹던 가족들은 불과 한 시간도 안 되어 집에서 쫓겨난 것이다. 이렇게 집을 떠나면 영원히 돌아오는 것은 불가능할지도 모른다. 수성은 지금 이 순간 얼마 전 돌아가신 할머니의 얼굴이 떠올랐다.

'할머니……'

대문 밖에서 집을 바라보자 우뚝 솟은 감나무 세 그루가 한눈에 들어왔다. 겨울이라 앙상한 가지만 남았지만 해마다 가을이면 주황빛 감들이 탐스럽게 열렸다. 수성이 장대를 들고 나무에 올라가서 감을 따면 할머니가 그 감을 깎고 말려서 곶감을 만들었다. 곶감 만들기는 온 가족이 해마다 하는 계절 행사였다. 겨울이 되면 할머니는 수성을 불러서 입에 다 하나씩 쏙 넣어주곤 했다. 그때 맛보는 곶감 맛은 꿀맛이었다. 손자 입안에 맛난 음식 넣어주는 재미로 산다던 할머니의 웃음 띤 목소리가 아직도 생생하다. 그런데 그런 할머니는 없고 그 기억마저 조금씩 희미해져 갔다. 수성은 할머니에게 마지막 인사를 했다.

'할머니 우리 이제 여길 떠나야 돼요. 지금 우리 모습 보고 계세요?'

감히 상상조차 하기 싫을 정도로 너무나도 무서운 재앙과 참혹한 불행이 있지만
막상 닥치면 우리는 의외로 한층 강하게 대처하고 생각했던 것보다 더 잘 처신한다.
- 라브뤼예르

chapter 1

돈 때문에
울고 웃는 가족

돈 때문에 화목했던 가족도 남이 되는 세상이다.
처음부터 가족들과 돈 버는 목적을 공유하지 않으면
언제 어떤 위험에 처할지 모르는 것이 현실이다.
행복한 노년을 맞이하기 위해서 노후 준비를 하는 것처럼
돈 걱정, 자식 걱정 없는 삶을 꿈꾸는 사람들에게
밑거름 자산을 만들어주는 가족재산은
가족이 함께 실천해야 할 재테크 지혜이다.

아버지의 부재

대입 시험을 앞둔 수성은 학교에서 공부하다 밤이 늦어 집으로 들어오는 길이었다. 집에 들어서자 여동생인 정희가 눈을 찡긋하고는 수성의 팔을 잡아끌고 방으로 들어갔다.

"왜? 무슨 일 있어?"

"쉿!"

수성은 영문을 모르겠다는 표정으로 동생을 쳐다보았다. 하지만 이내 그 이유를 알 수 있었다. 문 너머로 아버지의 목소리가 크게 들려왔다. 집안의 분위기가 심상치 않았다.

"어머니 저 좀 살려주신다 생각하고 그 땅 좀 팔아주세요. 어차피 저한테 주실 거 아닙니까! 이렇게 사업이 어려울 때 주셔야지 나중에 주시면 소용없어요."

아버지의 목소리를 듣자 수성은 가슴이 답답해져 왔다. 할머니와 어머니의 한숨소리가 옆방까지 전해오는 듯했다.

김대로는 몇 달 만에 불쑥 찾아와서는 무턱대고 돈 이야기를 꺼냈다. 하루이틀 일이 아니었다. 집안에 남아 있던 땅을 조금씩 팔아서 사업 밑천으로 삼았는데, 조금 남아 있는 땅마저 팔자고 하는 중이었다.

수성은 스무 살이 다 되어가는 지금까지 아버지와 제대로 대화를 나눠본 적이 없었다. 아버지 얼굴을 보는 것은 고작 1년에 한두 번이었다. 그렇기 때문에 수성에게 아버지는 늘 어려운 존재였다. 돈이 궁해지면 그제야 집에 와서 할머니, 어머니에게 돈 이야기만 하고 나가버리는 아버지였다. 아버지에 대한 생각으로 머리가 복잡해지는 순간 방문 열리는 소리가 났다.

"그럼 어머니, 전 이만 가보겠습니다."

"애비야! 수성이 이제 곧 시험 보는데 잘 하라는 말이라도 해주렴."

"대학 가면 돈 더 들어요. 어머니."

김대로는 수성을 힐끗 보고는 문을 열고 나가버렸다.

아들에게 한 마디 말도 없이 나가버리는 김대로의 행동에 수성보다 가족들이 더 머쓱해했다.

그런 가족들에게 수성은 아무렇지도 않다는 듯한 표정을 지어 보였다. 할머니와 어머니 역시 수성에게 엷은 미소를 띠며 수성의 어깨를 토닥여주었다. 아버지가 다녀가고 나서 할머니는 텔레비전을 보는 듯

했지만 얼굴에는 수심이 가득했다.

· · ·

수성의 집 담장 너머로 웃음소리가 퍼져 나갔다. 수성의 대학 합격 소식을 전해 들은 할머니와 어머니는 누가 먼저랄 것도 없이 '장하다'를 외치며 수성을 축하해주었다.

집안에는 동네 사람들이 하나둘씩 모여들었다. 수성의 합격에 이웃들을 초대했는데 그것이 동네잔치가 되어버렸다.

"아휴, 우리 수성이가 큰일을 했어요. 우리 장남 때문에 내가 산다니까요."

수성의 할머니 진불비는 사람들 사이를 오가며 손자 칭찬하기에 여념이 없었다.

"우리 수성이가 글쎄……."

진불비는 오늘만큼은 손자 자랑을 원 없이 하고 싶었다. 아버지 사랑을 못 받고 자라 늘 마음 한 켠이 애틋했는데, 이렇게 떡하니 대학까지 붙은 손자가 자랑스러운 건 당연했다.

그런 할머니와 어머니의 모습을 보는 수성 역시 더 없이 기뻤다. 하지만 등록금을 생각하면 마냥 기뻐할 일이 아니었다. 아버지는 집에 안 들어온 지가 오래고 어머니가 남의 집살이를 하면서 근근이 살아가고 있는 형편이라 여유가 없었다. 그래도 수성은 가족들 앞에서는 내색하지 않고 웃는 모습을 보였다.

다음날 아침 수성은 급히 집을 나섰다. 수성은 대로변의 한 가구매장 앞에서 멈칫거리고 있었다.

주소 하나 달랑 들고 아버지 가게를 찾아간 수성은 적잖이 당황했다. 가게는 수성이 생각했던 것보다 훨씬 컸다. 고개를 갸우뚱거리며 수성은 용기를 내어 매장 안으로 들어갔다. 매장 안에는 종업원들과 손님들이 제법 있었다.

"어서 오세요."

김수성은 어정쩡한 자세로 인사를 받으며 기어들어가는 목소리로 말했다.

"저……. 혹시 여기 사장님이 김대로 씨인가요?"

"네 그렇습니다만, 무슨 일로 오셨죠?"

종업원은 수성을 아래위로 훑어보며 물었다.

"사장님 좀 뵈러 왔는데요."

"사장님 지금 외출하셨는데……."

수성은 순간 멈칫거리며 말했다.

"김대로 사장님이 제 아버지이신데요."

"네? 사장님한테 이렇게 큰아들이 있다는 얘기 못 들었는데……."

못 미더운 눈으로 수성을 이리저리 훑어보더니 종업원은 금세 말을 낮췄다.

"학생 뭔가 착각한 거 아냐? 지금 바쁘니까 나중에 와."

수성은 순간 얼굴이 화끈거렸다. 부리나케 매장을 빠져 나왔다.

뭔가 이상해도 한참 이상했다. 불과 한 달 전에도 집에 와서는 사업이 위태롭다느니 하면서 땅을 팔자고 할머니를 조르던 아버지였다. 그런데 이렇게 번듯한 가구매장을 운영하는 것이 미심쩍었다.

'아무래도 이상해. 뭔가 수상해.'

수성은 이대로 집으로 돌아갈 수가 없었다. 어떻게 된 일인지 확인하고 돌아가야지 결심하고는 가게 건물 모퉁이에서 아버지를 기다렸다. 얼마나 기다렸을까. 오후가 되자 승용차 한 대가 미끄러지듯 다가와 멈췄다. 김대로와 한 여자가 함께 웃으며 차에서 내렸다. 수성은 아버지를 보고는 재빨리 차 앞으로 뛰어갔다.

"아버지."

"어, 네가 여기 어떻게 왔냐?"

김대로는 아들을 보고는 놀라 뒤로 한 발짝 물러섰다.

"아버지, 여기가 아버지 가게예요?"

"음음……."

김대로는 대답 대신 헛기침을 했다.

"아버지 가게가 이렇게 큰 줄 몰랐어요. 그런데 왜 집에는 안 들어오시는 거예요?"

"이 녀석이 버릇없이. 넌 어른들 일에 끼어들지 말고 네 할 일이나 열심히 해."

"얘가 당신 아들이에요?"

수성과 대로 사이를 끼어들며 여자가 말했다.

수성이 보기에 여자는 꽤 젊어보였다. 수성은 아버지의 팔짱을 끼고 서 있는 여자를 보자 감정이 더 격해져 울분이 치솟았다.

"이 사람은 누구예요?"

"너 내가 누군지 알고 함부로 말하는 거니?"

갑자기 대화를 가로막은 여자 때문에 수성이 어리둥절해하고 있는데, 김대로가 말했다.

"그래. 이번 기회에 제대로 인사해라. 네 새엄마다."

"네? 아버지, 그게 무슨 소리예요? 새엄마라뇨?"

수성은 영문을 모르겠다는 얼굴로 김대로를 쳐다보았다.

"당신 이혼한 거 아직 말 안 했어요?"

"당신은 먼저 들어가 있어. 내 곧 따라갈 테니까."

김대로는 여자의 등을 떠밀었다.

수성의 머릿속은 수많은 생각들이 복잡하게 엉켰다.

"아버지, 무슨 말씀이에요? 어머니랑 이혼하셨다고요? 어머니는 그런 내색도 비치지 않으셨어요."

"넌, 어른들 일에 참견 말아라. 그런데 여기는 어떻게 온 거야?"

모든 생물은 자기에게 필요한 것에 가장 심하게 좌우된다.
따라서 그것을 얻는 데 장애물로 보이는 것은 형제든 아버지든 자녀든 애인이든 친구든
혐오하고 미워하고 저주하게 마련이다.
- 에픽테투스

말문을 막아버리는 김대로의 말에 수성은 차마 대학에 합격했다는 말이 입 밖으로 나오지 않았다. 하지만 번듯한 가게를 하고 있는 아버지가 자식 등록금 정도는 주지 않을까 하는 일말의 기대로 다시 용기를 냈다.

"저 대학에 합격했어요."

"결국 돈 얘기하러 여기 온 거냐? 내가 너 대학 가라고 한 것도 아닌데, 왜 내가 네 등록금을 줘야 돼? 그럴 돈 없으니 헛물켜지 마라. 그리고 다신 회사에 얼씬거리지도 마."

김대로는 한심하다는 표정으로 수성을 보더니 가게 안으로 쌩하니 들어가버렸다.

손재주가 좋았던 수성의 아버지 김대로는 아버지로부터 물려받은 철공소를 잘 운영하리라 다짐했다. 하지만 처음의 결심과는 달리 사업수완을 발휘하지 못했다. 기울어가는 철공소를 살릴 욕심에 여기저기에서 빚을 끌어다 쓰더니 결국 문을 닫고 말았다. 아버지에게 물려받은 철공소가 망하고 나서 여러 사업을 벌였지만 그것마저 잘 안 되어 마지막으로 선택한 것이 가구사업이었다. 해외에서 가구를 싼값에 들여오기 위해 돈을 끌어 모았다. 그러는 과정에서 집안의 재산을 조금씩 조금씩 까먹고 있었다. 지난달 김대로는 시골에 남은 땅 때문에 집을 찾았던 것이다. 진불비와 박순영은 밤낮으로 아들과 남편의 사업이 잘 되기를 기도했다. 두 사람 모두 사업이 안정되면 김대로가 집으로 들어오리라 굳게 믿고 있었다.

　수성은 아버지에 대한 원망과 분노가 치밀었다. 순간 어머니한테까지 화가 미쳤다. 식구들한테 한 마디도 하지 않은 어머니를 이해할 수 없었다. 일방적으로 이혼을 당하고도 묵묵히 견디고 있는 어머니의 모습을 떠올리니 더 화가 났다. 수성은 곧바로 집으로 갈 수 없었다. 걷고 또 걸으며 아버지를 생각했다. 밤이 늦어서야 터벅터벅 걸어 집에 도착했다.

　"하루 종일 어딜 갔다 이제 오는 거니?"

　아들이 들어오기만을 목 놓고 기다린 순영은 수성을 데리고 부엌으로 급히 갔다.

　"오늘 네 등록금 준비해놓고 기다렸는데, 왜 이제야 들어와."

　순영은 신문지로 싸놓은 돈을 가방에서 꺼내 보였다.

　"어머니, 이렇게 큰돈을 어디서 구하셨어요?"

　"우리 아들 대학 보내려고 모아두었지."

　수성의 눈에는 눈물이 그렁그렁 맺혔다.

　"아니, 얘가 왜 이런다니? 무슨 일이야?"

　눈물을 흘리는 아들의 모습에 순영은 당황했다.

　수성은 얼른 눈물을 닦았다.

　"오늘 아버지 가게를 찾아갔어요."

"거길 어떻게 찾아간 거야? 아버지도 네 합격 소식에 좋아하시지?"

"……."

수성은 한참을 망설이다 다시 말을 꺼냈다.

"아버지가 그러시던데, 이혼하셨다면서요. 그게 사실이에요?"

순영은 순간 멈칫했다.

그때 수성의 할머니 진불비가 부엌으로 들어왔다.

"뭐? 그게 무슨 말이야?"

우연찮게 며느리와 손자의 말을 들은 진불비는 새파랗게 질린 얼굴로 순영을 다그쳤다. 순영은 죄 지은 사람처럼 고개를 푹 숙였다.

"어멈아! 숨 넘어가겠다. 빨리 말해 보거라."

"어머니 죄송합니다. 실은 이혼하려고 한 건 아니었어요. 지난봄에 아범이 회사가 곧 부도 날 거라고 찾아왔어요. 왜 아시잖아요. 그전에 회사 어려워서 산도 팔았잖아요. 회사가 부도가 나면 채무가 다 저한테 넘어온다고 일단 이혼을 해야 한다는 거예요. 그래서 우선 형식적인 이혼을 했는데……. 아범이 설마 우리를 버리겠어요. 어머니 놀라실까 봐 말씀 못 드렸어요. 죄송해요."

진불비는 며느리 이야기에 한숨부터 나왔다.

"그런 일이 있으면 나한테 한번쯤은 상의를 했어야지. 너는 그렇게 이때껏 말 한마디 없이……. 아범이 사업상의 문제로 잠시 그러자고 했다니 별일이야 있겠니."

진불비는 이마에 손을 짚고는 겨우 안방으로 들어갔다.

수성은 기가 막혔다.

"어머니, 아버지한테 속으신 거예요. 제가 오늘 아버지 회사에 갔는데 아버지 가게도 잘 돼서 종업원들도 많고 장사도 제법 되는 것 같았어요. 어머니한테도 사기 친 거나 다름없다고요. 그리고, 그리고……."

"너, 아버지한테 그게 무슨 말버릇이니? 아버지가 그렇게 한 건 다 아버지의 뜻이 있어서 그런 거다."

순영은 오히려 남편을 두둔하며 수성을 나무랐다.

수성은 그런 어머니에게 아버지가 젊은 부인까지 두고 있더라는 말은 차마 할 수 없었다.

그날 밤 수성은 잠을 이루지 못했다. 낮에 본 아버지와 낯선 여자의 모습이 눈을 감아도 계속해서 떠올랐다. 밤새 잠을 못 자고 뒤척이고 있는데 마루에서 인기척이 들려왔다. 할머니와 어머니가 함께 새벽기도를 가는 모양이었다. 누군가 수성의 방문을 열어보고는 다시 닫았다. 수성은 눈을 감고 자는 척했다. 대문소리가 삐걱 나더니 다시 잠잠해졌다. 할머니와 어머니의 따뜻한 마음이 수성의 가슴 속으로 밀려들었다. 수성의 마음속 엉킨 실타래가 조금씩 풀리는 듯했다. 어려서부터 지금까지 수성에게 아버지는 없는 존재나 마찬가지였다.

수성은 다시 마음을 다잡았다.

'아버지 없이도 가족들은 서로를 믿고 사랑하고 잘 살아왔지 않은가. 이제부터 내가 이 집의 가장이라는 생각으로 할머니와 어머니, 정희를 지켜주는 듬직한 가장이 되어야지. 우리 가족들은 이제 내가 책임진다.'

앞으로도 지금처럼 행복하게 살 수 있다는 생각에 미치자 수성은 마음이 평온해졌다.

할머니의 간절한 바람

아침부터 집안은 분주했다. 진불비 생일을 맞아 음식준비하는 순영 옆에서 정희는 잔심부름을 하고 있었고 수성도 분주히 움직이고 있었다. 곧 손님들이 들이닥칠 시간이었다.

"수성아, 상 좀 펴놓아."

순영의 말에 수성은 부리나케 움직였다. 그런 손자들을 진불비는 흐뭇하게 바라보고 있었다. 군대를 제대하고 복학준비를 하고 있는 수성과 사범대를 다니고 있는 정희는 집안의 자랑이었다. 제대로 된 뒷바라지도 해주지 못했는데 착하고 똑똑하게 커준 손자들을 보니, 할머니로서 그 모습이 고맙고 대견스러웠다. 진불비는 이 모든 것이 며느리인 순영의 공이라고 생각했다. 며느리 혼자서 아이들을 키우고 집안을 이끌어온 거나 마찬가지였다. 사업한다며 집에는 코빼기도 보이지 않는 아들 몫까지 며느리가 톡톡히 해냈다. 진불비는 손자, 손녀 시집, 장가 보내는 것까지는 보고 죽어야지 하고 생각하고 있었다.

'내가 살아있어야 언젠가는 아범도 다시 집으로 돌아올 수 있어. 대로가 아이들에게 똑바로 아비 노릇할 수 있으려면 내가 그때까지 이 집에서 살아있어야지.'

"할머니, 왜 그러세요?"

정희가 눈이 동그래져서 할머니를 빤히 쳐다보았다.

"기뻐서 그러지. 너희들 웃는 거만 봐도 좋다."

순영은 어머니를 모시고 안방으로 들어갔다. 곧 초인종이 울리고 친척들이 하나 둘 모여들었다. 값비싸고 진귀한 음식은 아닐지라도 정성스럽게 차린 먹음직스러운 음식들이 상에 올라와 있었다.

식사가 끝나갈 무렵 진불비가 사람들을 향해 말했다.

"제가 오늘 하고 싶은 말이 있어요."

진불비의 말에 시끌벅적하던 방안은 조용해졌다. 수성 역시 할머니의 말씀에 귀를 기울였다.

"모두 잘 아시겠지만, 수성 어미가 아이들을 키우느라 정말 고생을 많이 했어요. 남의 집 일을 다니면서도 집안의 대소사도 하나도 빠짐없이 챙긴 사람이에요. 수성이나 정희도 이렇게 번듯하게 잘 자란 것을 보면 이 모든 것이 어멈이 집안을 위해 노력하고 헌신한 덕이라고 생각해요. 그래서 제가 가진 거라곤 이 집과 통장에 있는 얼마의 돈이 전부지만, 내가 죽으면 며느리와 손자들한테 다 주려고 해요."

"엄마, 그게 무슨 소리에요?"

수성의 고모가 발끈해져 소리쳤다.

"아니, 오빠나 나를 놔두고 며느리만 챙기시는 게 말이 돼요? 사실 언니는 오빠와 이혼했으니 서류상으로는 남이나 다름없잖아요."

수성은 할머니의 발표도 갑작스러웠지만 고모의 앙칼진 목소리에 더욱 놀랐다.

"남이라니, 내가 너희들이 이럴까 봐 더 수성 어미에게 얼마 되지도 않는 재산이라도 물려주려는 거야."

진불비의 얼굴은 더없이 수척해보였다.

"내가 이 집을 얘들에게 물려줘야 내가 죽고 나서도 대로가 돌아올 곳이 있지 않겠니?"

"어머니, 그게 무슨 말씀이세요. 아직 정정하신데……."

순영은 안절부절못했다.

"그래, 언니가 엄마 앞에서 그렇게 착하디 착한 얼굴을 하고 있는 이유를 이제야 알겠네. 다 그렇지 뭐. 돈 보고 그런 거 아니유?"

"너 그만하지 못해!"

"며느리만도 못한 딸한테 뭘 이래라 저래라 하세요? 엄마 마음 다 알았어요. 근데 저도 가만 보고만 있지는 않을 거예요."

수성의 고모는 분을 못 참고는 자리를 박차고 나가버렸다. 찬물을 끼

없은 듯한 분위기에 친척들도 하나둘씩 자리를 떴다. 수성과 정희는 사람들이 가고 난 다음 상을 치우며 안방에서 들려오는 목소리에 귀 기울였다.

"어미야, 난 아직 괜찮다. 수성이랑 정희랑 결혼시키기 전에 눈 못 감는다. 하지만 이렇게라도 얘기하고 나니 마음이 한결 편하구나."

진불비는 며느리의 손을 꼭 붙잡고 말했다.

수성은 오늘 벌어진 일을 보며 돈과 가족들에 대해서 다시 생각해보는 계기가 되었다. 돈 때문에 사랑하는 가족도 한순간에 남이 될 수 있겠구나 하는 생각에 덜컥 겁이 났다. 고모는 할머니에게 원망 섞인 분노를 쏟아내고 마치 다시는 오지 않을 것처럼 나가버렸다. 아버지 역시 돈이 떨어져 궁핍해지면 그제야 집에 들어오곤 했다. 단지 돈 때문이었다. 부모와 자식 사이에 돈 때문에 서로를 원망하며 돌아섰다. 그러고 보면 늘 집안에 큰소리가 나고 시끄러웠던 건 돈 문제였다.

• • •

대문을 나선 수성은 매섭게 불어오는 칼바람에 몸이 움츠러들었다. 새벽부터 내린 눈으로 길은 빙판길로 바뀌어 있었다. 수성은 미끄러지지 않으려고 조심스럽게 자전거를 굴렸다. 자전거 뒤에 가득 실려 있던 우유는 이제 절반 정도 남았다. 수성은 자신의 손에 끼워진 장갑을 보며 씩 웃었다. 할머니가 대학입학 선물로 손수 떠 준 벙어리장갑이었다. 수성이 어렸을 때 입던 조끼를 풀어서 다시 장갑을 뜬 것이다. 장갑을 보면 어릴 적 입던 조끼와 그때가 떠올라서 절로 웃음이 났다. 하지만 웃는 것도 잠시 할머니 생각에 마음이 심란해졌다.

한 달 전 식사를 제대로 못하겠다며 자리에 누운 진불비는 자꾸만 가슴이 답답하다고 하소연했다. 심상치 않음을 느낀 수성은 당장 할머니를 모시고 병원에 갔는데 급성 심근경색이라는 진단을 받았다. 그 이후로 불안한 하루 하루를 보내더니 이내 다시 쓰러지셨다. 병원에서는 가족들에게 마음의 준비를 하라고 했다. 진불비는 오히려 근심 어린 표정을 하고 있는 가족들에게 걱정 말라고 위로를 했다. 수성은 할머니가 곧 돌아가신다는 사실이 믿어지지 않았다. 수성은 다시 차가운 바람을 가르며 언덕을 향해 힘껏 자전거 페달을 밟았다.

"다녀왔습니다."

우유배달을 마친 수성이 보급소 문을 열고 들어갔다.

"수성 학생, 무슨 일인지 모르지만, 빨리 병원으로 오라고 동생이 찾아왔었어. 어여 가봐."

수성은 순간 올 것이 왔구나 싶은 생각에 보급소 문을 열고 무작정 달렸다. 병실에 들어선 순간 수성은 눈물이 왈칵 쏟아졌다.

"내가 좀더 살아서 너희들 결혼도 시키고 잘 사는 걸 봐야 마음 편히

눈을 감는데……. 이제 그건 틀린 것 같구나.”

　“할머니 왜 그런 말씀을 하세요. 흑흑.”

　할머니의 손을 잡고 가족들은 모두 흐느꼈다.

　“수성아, 아버지를 원망하면 안 된다. 언젠가는 다시 너희들을 찾아
올 거야. 아버지도 자기가 얼마나 잘못했는지 뉘우치는 날이 꼭 있을
거다. 수성아, 정희야, 아버지 돌아오면 용서해줘야 한다…….”

진불비는 겨우겨우 말을 이어나가면서도 끝까지 가족들에게 아버지를 용서하라는 말을 잊지 않았다. 그리고 그것이 마지막이었다.

병실은 눈물바다가 되었다. 조금 전까지만 해도 넷이었던 가족은 이제 셋이었다. 할머니가 빠져나간 빈자리는 더없이 크고 넓었다. 그들 가족에게 할머니는 가장 힘 있고 온갖 바람과 폭풍을 다 막아내주고 껴안아주는 그런 존재였다. 수성과 정희를 부둥켜안은 순영은 조용히 눈물을 흘렸다.

약속만으론 가족을 지킬 수 없다

장례식을 무사히 치르고 돌아온 수성의 가족들을 기다리는 것은 김대로와 수성의 고모였다. 안방은 도둑이라도 든 것처럼 장롱이며 문갑 서랍들이 다 열려 있었고 방바닥에는 옷가지들이 널려 있었다.

"긴 말할 필요도 없어. 이 집 팔아서 사업자금으로 써야겠으니 이달 말까지 비워."

삼 년 만에 집을 찾은 김대로는 귀찮다는 듯 순영을 향해 말을 내뱉었다. 옆에 있던 수성의 고모가 끼어들었다.

"엄마 통장은 내가 찾았으니 가지고 가요. 오빠가 집을 가진다 하니, 난 통장에 든 몇 푼이라도 챙겨야겠어요. 그러니 언니도 이러고 있지 말고 빨리 살길 찾아봐요."

순영은 남편과 시누이의 일방적인 통보에 아무 말도 못하고 서 있었다. 수성도 정희도 너무 기가 막혀 아무 말도 나오지 않았다.

"여보, 그럼 우리는 어떡해요. 전 이 집 못 떠나요. 아니 절대로 못 나가요. 고모도 들으셨잖아요? 어머님이 저희들한테 이 집 주신다고 하신 말씀. 우리집 두고 어디 가서 살란 말이에요?"

"그걸 왜 나한테 물어? 집은 오늘 복덕방에 내 놨으니까 곧 비워야 할 거야. 또 미련하게 버티지 말고 빨리 사글세라도 알아봐."

김대로는 더 이상 묻지 말라는 듯 손을 휘휘 저으며 수성의 고모와 함께 황급히 나갔다.

"엄마, 이제 어떡해."

정희는 엄마를 부축해 안방으로 들어갔다.

할머니의 임종을 지키지도 못한 사람이 집으로 찾아와 행패를 부리는 것이 납득이 되지 않았다. 수성은 그런 사람이 아버지라는 게 부끄러웠다. 할머니의 마지막 간곡한 유언이 떠올랐지만 수성은 아버지에 대한 증오로 다시 휩싸였다. 수성은 주먹을 불끈 쥐었다. 이대로 집을 뺏길 순 없었다.

· · ·

수성의 의지와는 상관없이 그렇게 맥없이 집에서 쫓겨난 가족이 짐을 푼 곳은 집에서 조금 떨어진 변두리 동네의 슬레이트 집 문간에 있는 단칸방이었다. 옷가지와 책, 이불을 풀어놓으니 겨우 세 식구가 함께 누울 수 있을 정도의 공간이 남았다. 장롱이나 큰 가구들은 챙겨오지도 못했지만 가지고 왔더라도 둘 곳도 없었다. 바깥에는 바람막이 천막으로 간신히 만든 부엌이 딸려 있었다. 김대로가 준 돈만으로는 세 식구가 살 만한 곳을 찾는 것이 쉽지 않았다. 집주인에게 사정을 하며 겨우 얻은 집이었다.

오래 비어 있어서 그런지 방은 냉골이었다. 박순영은 아궁이 앞에 앉아 연탄불을 피우고 있었고 정희는 너덜너덜한 문에 씌울 비닐과 문풍지를 사러 갔다. 순영은 이미 집에 대해서는 체념한 듯 얘기도 꺼내지 않았다. 수성은 지금 어머니의 마음이 어떨지 헤아릴 수도 없었다. 또 하루아침에 바뀌어버린 상황과 낯선 환경을 받아들이기 힘들었다.

'앞으로는 어떻게 하지? 학교를 그만둬야 하나? 이제 곧 졸업반이 되는데. 나는 잠깐 쉬더라도 정희는 꼭 다녀야 하는데…….'

하지만 지금 당장은 먹고 살 일이 급했다. 학교는 두 번째 문제였다. 방세도 내고 가족들을 부양해야 하는 책임이 이제 자신의 두 어깨에 달려 있었다.

'아니야, 뭔가 방법이 있을 거야. 정말 이대로 우리가 그 집을 포기해야 하는 걸까. 분명히 할머니는 집을 우리에게 주신다고 약속하셨고 여러 차례 사람들 앞에서 말씀하신 적도 있으니까 증인들도 많아. 그러면 할머니의 유언대로 상속되어야 하는 게 마땅하잖아. 할머니가 바랐던 건 우리 가족들이 화목하게 살아가기 위해서 재산을 쓰는 거였잖아. 분명히 방법이 있을 거야. 할머니의 유언대로 가족들이 집을 되찾아서 살 수 있는 방법이 있을 거야.'

수성은 도움을 요청해야겠다는 생각에 차분히 정신을 가다듬었다. 가장 먼저 떠오른 사람은 친구 주인성이었다. 인성은 수성의 가장 친한 친구이기도 하지만 지금 고시공부를 하고 있는 만큼 해답을 알려줄 수 있을지도 몰랐다. 이 시간에 친구가 있을 곳은 학교 중앙도서관이었다. 거기까지 생각이 미치자 수성은 한시가 급했다. 허둥지둥 급하게 나가는 수성을 보고 순영이 불렀지만 오직 한 가지 생각에만 빠져 있는 수성의 귀에는 아무 소리도 들리지 않았다.

· · ·

주인성은 곧 시험을 앞두고 있어 며칠째 집에도 가지 않고 책에 얼굴을 파묻고 있었다. 수성이 어깨를 두드리자 인성은 꺼칠해진 얼굴로 애써 웃으며 함께 나갔다. 수성은 인성에게 자초지종을 털어놓으며 조언을 구했다.

"이거 문제가 심각한데. 정말 너희 아버지 너무 하신 것 아냐? 부모와 자식 다 버리고 돈만 갖겠다는 속셈이잖아."

수성은 친구 인성에게 부끄러워 고개를 떨구었다.

“그럼 할머니는 정말 유언장이나 서류 같은 문서로 된 유언을 전혀 안 남기신 거야?”

“어, 그런 것 같아……."

“그렇다면 좀 힘들 것 같다. 할머니가 아무리 주위 사람들에게 유산은 며느리와 손자 손녀에게 주겠다고 말씀하셨어도 구두로 된 약속은 실제 효력이 없어. 설사 증인이 아무리 많다고 해도 말이지. 더욱이 제대로 된 유언장이 없을 경우 상속재산은 협의분할을 해야 하는데 이때 협의분할 대상자는 그 배우자와 자녀들이 된단 말이야. 너희 할머니의 경우 배우자는 없고 자식이 둘이니까, 자식 둘이서 협의분할을 하게 되는 거지. 실제로 할머니의 재산상속과 관련해서 너희 어머니는 법적으로 권리가 없는 셈이야. 아무리 오랜 세월 함께 살아온 가족이라 하더라도.”

“그렇다면 나와 내 동생은 상속인에 포함되어야 하는 거 아냐?”

“글쎄……. 내가 공부한 바로는 그렇다고 알고 있지만 자세한 판례나 다른 사항에 대해선 전문가의 소견을 들어보는 게 좋을 것 같다.”

주인성은 조언을 구할 사람을 떠올려봤다.

“우리 교수님께 한번 물어보자. 내가 지난번에 교수님 변호사 사무실에서 일을 도와드린 적이 있거든. 내가 말한 적 있지? 작년에 우리 과 외부강사로 강의하셨던 박지만 교수님이라고. 작년 여름방학 때 일을 도와드리면서 좀 친해졌어. 지금 여기서 이러지 말고 한번 가 보자. 아직 퇴근 안 하셨을 것 같은데.”

수성은 인성의 팔에 이끌려 한 시간 정도 떨어진 곳에 위치한 박지만의 사무실로 찾아갔다. 박지만은 늦은 시간까지 책상 위에 수북이 쌓인 서류들을 읽고 있었다.

"어, 인성이 너 잘 왔다. 온 김에 이것 좀 도와주고 가라."

박지만은 인성의 얼굴을 보자 지원군을 만난 것처럼 반겼다.

"교수님 오늘은 일 못 도와드려요. 다음에 배로 도와드릴 테니까 오늘은 법률상담 좀 해주세요."

"오랜만에 와서는……. 그래 뭔 일인데?"

박지만은 그제야 의자에 앉으라고 권하고 자신도 가까이 와서 앉았다. 인성은 수성을 인사시키고는 친구의 처지를 들려주었다.

"교수님의 도움이 필요해요. 지금 이 친구, 마른하늘에 날벼락 맞았다고요."

수성의 사정을 들은 박지만은 미간에 잔뜩 인상을 쓰고는 말했다.

"자네 사정이 참 딱하네, 그래. 그런데 인성이한테 들어서 알겠지만 이 상속 문제라는 것이 꽤 까다롭고. 화목했던 가정도 상속으로 문제가 생기게 되면 서로 한 치도 물러서지 않으려고 가족들 간에 칼을 들이대는 것이 상속 문제란 말이지. 그 과정에서 돈 문제뿐만 아니라 가족들 간의 신뢰도 금이 가고 돌이킬 수 없는 상처만 서로에게 남기고는 돌아서는 경우가 부지기수야. 실제로 법적인 소송으로 이어지면 유산상속이 끝나도 평생 원수처럼 지내는 사람들이 많아. 그래서 미리 유언장을 작성해놓는 게 중요하지. 피상속인이 죽고 난 후에 남은 가족들 간의 분쟁이 생기지 않게 하려면 이 방법이 가장 확실하다고 볼 수 있어. 그런데 자네 집안처럼 유언장을 남기지 않은 경우에는 살아생전에 할머니의 재산 처분 의사는 제한을 받게 되는 셈이지."

"사실 딱히 재산이라고 할 것도 없어요. 단지 집 한 채와 할머니 통장에 있던 조금의 돈이 다인 걸요. 유언장을 쓰는 건 돈이 많은 부자들이나 하는 것 아니에요?"

"그런 생각 때문에 지금도 도처에서 상속 분쟁이 끊이지 않는 걸세. 평범한 사람들에게는 유언장이라는 게 좀 동떨어진 얘기라고 생각하겠지만 절대 그렇지 않아. 사람들은 액수에 상관없이 돈 문제라면 굉장히 민감하거든. 자신이 죽고 나서 그 돈 때문에도 자녀들이 싸우고 평생 원수가 되어 갈라진다는 걸 알면 당장이라도 유언장을 쓸 텐데 말이야. 하지만 가족들을 믿고 있는 거지. 설마 우리 가족이 돈 때문에 그렇게 무자비한 전쟁을 치르기야 하겠어 하고 말이지. 그런데 그건 잘 모르고 하는 소리야. 아무리 재산이 적어도 인간의 욕심이란 끝이 없는 법이지."

박지만의 말을 잠자코 듣고 있던 수성은 다그쳐 물었다.

"그럼 저희 할머니처럼 유언장을 남기지 않은 경우엔 어떻게 되죠?"

"인성이한테 들었겠지만, 법정상속인들에게만 유산이 상속돼. 가장 먼저 최근친 직계비속인 할머니의 자식들에게만 재산이 배분되게 돼 있어.”

“그렇다면 아버지와 고모가 상속권자가 되는 거네요. 혹시 손자와 손녀인 저와 제 여동생에게는 조금도 상속권이 없는 건가요?”

“안타깝지만, 자네와 여동생의 경우는 할머니의 직계비속이지만 더 최근친 직계비속인 아버지와 고모가 있으니 상속권이 없어.”

분명 방법이 있을 거라고 기대했던 수성은 가슴이 쿵 내려앉았다.

“자네에게 도움을 주지 못해 아쉽네만, 실제로 상속절차를 잘 몰라 분쟁이 비일비재하게 일어난다네. 보통의 사람들은 유언장 쓰는 것에 대한 선입견을 갖고 있고, 문제는 자신이 평소에 구두로 남긴 유언이 지켜지리라 믿는 것이지. 상속에는 법적인 요건에 맞춰서 작성한 유언장이 꼭 필요해.”

“그럼 저희 가족은 정말 방법이 없는 건가요?”

“물론 아버지의 무책임한 행동에 대해 다른 법률에 호소하는 방안을 생각해볼 수 있겠지만, 유산상속과 관련해서는 별 다른 해결책을 제시하기가 어렵군, 그래.”

박지만은 머리를 긁적이며 안타까운 표정으로 말했다.

인성은 수성의 어두운 얼굴을 보고는 씩씩거리며 주먹으로 탁자를 내리쳤다.

“교수님, 무슨 법이 이래요? 약자의 편에 있어야 할 법이 도리어 힘 없고 불쌍한 사람들을 내몰고 있잖아요.”

"야, 이 녀석아. 탁자 부서지겠다."

"친구 상황이 너무 억울하잖아요."

"유언장은 정말 중요해. 유언장은 나이 들어서 아플 때나 쓰는 것이 아니야. 언제 어떤 사고가 닥칠지 모르잖아. 유언장은 사후를 준비하는 것이니까 사전에 꼭 마련해 두어야 하는 거야. 한번 쓴 유언장은 언제든지 수정할 수 있으니까 너무 부담 갖지 말고 시험 삼아서라도 써보는 것이 중요하지. 단, 형식에는 맞춰서 써야지. 유언장 쓰는 데 이유가 따로 없어. 나이와 재산을 막론하고 꼭 준비해두어야 하는 거야."

주인성은 고개를 갸우뚱하더니 뭔가 골똘히 생각했다.

"우리 아버지도 유언장 작성해놓으셨을까? 갑자기 궁금해지네."

"왜 이 녀석아! 젊은 놈이 벌써부터 아버지 재산 탐내는 거냐?"

"그냥 궁금해서 그랬죠, 아이쿠 교수님, 생사람 잡지 마세요."

"우리나라는 대부분 부모가 죽으면 재산을 자식에게 물려주기 때문에 자식들은 그게 당연하다고 생각해. 근데 그것도 문제지. 부모의 재산도 내 것이겠거니 하고 생각하는 자식도 많아. 그러니까 조금 더 일찍 받아쓰는 것도 큰 문제 될 게 없다고 생각하기도 하고. 살아있을 때 대접받으려면 죽기 전에는 절대로 자식들한테 재산을 물려주지 말라는 얘기가 있잖아. 그것도 틀린 말은 아니지만 살아있을 때뿐 아니라 죽어서도 대접 받으려면 유언장을 작성하고 그 내용을 자식들에게 미리 알려주는 것도 꽤 괜찮은 방법이야. 재산을 어떤 방식으로 배분하든지, 기부를 한다고 하더라도 말이야. 늘 가족들이 모일 때마다 내가 죽고 난 후 재산은 이렇게 쓰여질 것이라는 본인의 의지를 밝혀둬야 해. 자식들도 부모의 뜻을 알고 받아들이는 시간이 필요하단 말이지. 그래야 사망 후에도 피상속인의 뜻에 따라 상속을 진행할 수 있거든. 본인 뜻대로만 된다면 아무 문제가 없지. 가족들 간의 합의가 이미 부모님이 살아계실 때 확실하게 이루어졌기 때문에 부모님이 돌아가셨다고 해도 크게 달라지는 건 없단 말이지."

고개를 끄덕이면서도 수성은 여러 가지 생각들로 머릿속이 복잡해졌다. 돌아가신 할머니 역시 가족들을 믿고 유언장을 작성하는 것까지는 생각도 하지 않았을 것이 분명했다. 이제 집을 되찾기는 어려워보였다.

"도움을 주지 못해 미안하네."

"아닙니다. 충분히 도움이 됐습니다. 바쁘실 텐데 이렇게 시간 내주셔서 고맙습니다."

수성과 인성은 인사를 하며 일어섰다.

"인성아! 다음에 일손 필요하면 부를 테니, 그때 와서 좀 도와줄 수 있지?"

"그럼요, 변호사님. 오늘 정말 고맙습니다."

다시 도서관으로 돌아간 인성과 헤어진 수성은 나아질 게 전혀 없는 지금 상황에서 할 수 있는 일을 생각했다. 이제는 정말 가진 것 하나 없이 세 식구만 남았다. 어머니는 지금 하시는 일만으로도 벅차고 정희는 이제 2학년이 되는데 아르바이트를 한다고 해도 학비를 다 벌 수는 없을 것이다.

대문 앞에 다다른 수성은 정신이 번쩍 들었다. 대문은 굳게 닫혀 있었다. 자신도 모르는 사이에 집을 찾는 발걸음이 수성을 또 옛날 집으로 데리고 왔다. 항상 이 시간이면 환하게 불이 켜져 있었는데 담장 너머로 보이는 집은 유난히 캄캄했다. 담벼락에 서서 집을 쳐다보는 수성은 더욱 괴로운 심정이었다. 하지만 수성은 감상에 젖어가는 자신을 추스르며 어떻게든 집을 되찾겠다는 각오를 다졌다. 할머니가 남겨주신 소중한 유산을 쉽게 포기할 수는 없었다. 다시 돌아오겠다고 굳게 다짐하며 수성은 발길을 돌렸다.

벼랑 끝 가족을 살려낸 구원수, 보험

저녁식사를 마친 수성의 가족은 밤이 늦도록 의견을 좁히지 못하고 있었다. 이유는 엄마 때문이었다. 순영이 입주가정부로 들어가겠다고 하자 수성과 정희는 질색을 했다. 지금도 일이 많은 엄마를 안쓰러워하는 자식들 입장에서 반대하는 것은 당연했다. 하지만 순영 처지에서는 입주가정부로 들어가면 아이들이 좀더 편하게 지내고 또 돈도 더 벌수 있어서 더 없이 좋은 기회였다. 며칠 전 아이들이 서로 휴학을 하겠다는 것을 듣고 내린 결정이었다. 정희는 오빠가 학교를 마칠 때까지 자신이 뒷바라지를 하겠다고 나섰고 수성은 도리어 자신이 일해서 여동생 학비를 대겠다고 고집을 부렸다. 둘의 다툼을 지켜보던 순영은 미안하다는 말밖에 할 말이 없다며 조용히 바닥만 쳐다보고 있었다. 그리고 몇 날 며칠 고민 끝에 내린 결정이었다.

"그 집에 중풍에 걸린 할머니가 계셔서 월급을 간병인 월급까지 쳐서 준다는구나. 그 돈이면 너희들 학비는 댈 수 있겠어. 이런 기회도 흔치 않다. 너희들이 걱정하는 마음은 알지만 우리 몇 년만 고생하자. 내가 정희 졸업할 때까지 일할 테니까 너희들은 아무 걱정 말고 그냥 공부만 열심히 해. 학비는 내가 어떻게든 벌어볼 테니까. 대신 너희들 생활비는 각자 아르바이트를 해서 해결하고 우리 이렇게 몇 년만 더 고생하자. 응?"

순영은 아이들을 설득하고 나섰다.

"엄마, 그 일도 해본 사람이 하는 거예요. 엄마처럼 몸도 약하신 분이 어떻게 하시려구요. 안 돼요, 아이 정말 속상해."

정희는 이야기를 하다가는 이불을 뒤집어쓰고 발을 동동 굴렀다.

"어머니, 이제 제가 이 집 가장이에요. 어머니 지금 일도 힘든데, 더 힘든 일은 절대 안 돼요. 그냥 저를 좀 믿어주세요. 네?"

집안의 가장 역할을 자처하고 나선 수성은 어머니를 생활전선의 끝으로 내몰고 싶지 않았다. 하지만 순영의 결심 역시 확고했다.

"걱정 마라. 이 엄마한테 이깟 건 고생도 아니야. 지금 당장은 힘들어도 예전처럼 우린 또 잘 극복하면 좋은 날이 오지 않겠니? 수성아, 정희야. 너희들이 대학을 졸업하고 취직하고 또 가정을 이루고 얼마나 많은 일들이 남아 있니? 할머니가 너희들 시집, 장가가고 행복한 가정을 이루는 걸 보는 게 소원이라고 늘 말씀하셨는데……."

말끝을 흐리며 순영은 눈시울을 붉혔다.

"할머니의 마지막 말씀 너희도 기억하잖니? 너희들이 잘 되어야 나중에 하늘나라에서 할머니를 만나도 부끄럽지 않아. 내일 오후에 그 집으로 들어갈 생각이다. 더는 말릴 생각 마라."

순영은 아이들의 얼굴을 보며 단호하게 못을 박았다.

정희는 속이 상해 이불을 뒤집어쓰고 벽 쪽으로 돌아누웠고 순영은 부엌에 나가 찬장을 정리했다. 수성은 어머니의 결심을 돌릴 수 없음을 알았다.

불을 끄고 누웠지만 세 식구 모두 쉽게 잠들 수 없었다. 어머니와 함께 이렇게 있는 것도 이제 몇 년 간은 사치스러운 일이 될 것이다.

"수성 엄마, 수성 엄마."

옷가지를 챙겨 짐을 싸던 순영은 이른 아침부터 대문을 두드리는 소리에 밖으로 나갔다.

문 밖에는 예기치 못한 손님이 서 있었다.

"아이고 이 집이 맞구나."

같은 동네 살다가 작년에 수원으로 이사 간 황 여사였다. 한 동네에서 살면서 유독 진불비와 언니동생하며 친하게 지냈던 황 여사는 수성의 식구들에게는 이웃이라기보다는 친척이나 다를 바 없었다.

"황 여사님, 어떻게 여길 알고 오셨어요? 추운데 어서 들어오세요."

황 여사는 방안으로 들어서자 혀를 찼다.

"이 사람아! 어떻게 이런 데 사나, 그래. 어쩌다가 이 좁은 데서, 아이고 수성아, 정희야! 너희들이 어쩌다……. 할머니가 아시면 하늘에서 통곡을 하시겠구먼……."

황 여사는 순영의 손을 꼭 잡고 놓지 못했다.

"이모님께 이런 모습 보여서 부끄럽네요."

"자네는 사람이 너무 순해서 탈이야. 나가란다고 그 집에서 나오면 어떡해. 애들 생각해서라도 어떻게든 버텼어야지. 내가 아까 집으로 찾아갔다가 얼마나 놀랐는지. 그래, 수성 아비가 돈이라도 좀 주던가?"

가족들은 아무 말 없이 허공만 쳐다보았다.

"이 천벌을 받을 인간 같으니라고. 어떻게 돈도 안 쥐어주고 제 자식들과 마누라를 이런 데다 내팽개칠 수가 있어. 하늘도 무심하시지."

황 여사의 입에서는 한숨이 그칠 줄 몰랐다.

"언니가 그래도 손자들 살길은 마련해놓고 가셨구먼."

"네? 그게 무슨 말씀이세요."

순영은 영문을 모르겠다는 눈빛으로 황 여사를 쳐다보았다.

"내가 오늘 자네를 찾아온 것도 다 보험금 때문이야."

"보험금이라구요?"

"자네는 알고 있을 줄 알았는데 정말 몰랐나? 언니가 귀띔도 안 해주시던가?"

수성과 정희는 긴장된 눈빛으로 황 여사만 바라보았다.

"어머님이 보험을 들어놓으셨단 말이세요?"

"그래, 하루는 언니가 나를 집으로 불러서 말하더라고. 자신이 죽고 나면 자네와 아이들이 어떻게 살지 걱정이라고. 수성 아범이 집에 충실한 것도 아니고 하는 사업마다 실패해서 제 몸 하나 건사하기도 힘든데 누가 아이들을 돌보겠냐고. 본인이 죽고 난 다음에 애들이 어떻게 살지 걱정이라고. 그래서 보험이라도 하나 들어놓으면 조금은 근심이 덜 되겠다고 그랬지. 그때 마침 괜찮은 상품이 나와서 사망보험금을 탈 수 있는 상품으로 권했지."

"네?"

황 여사의 말을 듣던 가족들은 눈이 휘둥그레졌다.

"정말이세요?"

"그럼, 내가 계약서도 다 챙겨 왔어."

황 여사가 가방 속에서 주섬주섬 꺼낸 것은 빛바랜 보험증서와 청약서 사본이었다. 해져 보이는 서류에는 오래 전에 진불비가 삐뚤삐뚤한 글씨로 작성한 인적사항과 수익자 난에 쓴 박순영의 이름이 보였다. 그리고 몇 가지 첨부된 서류들도 함께 있었다. 가족들은 뜻밖의 사실에 놀라면서도 흥분된 마음을 감출 수 없었다.

"와, 정말이네? 엄마 죽으라는 법은 없나 봐."

정희가 눈으로 계약서를 확인하고는 너무 좋은 나머지 순영을 껴안으며 소리를 질렀다. 순영은 아직도 뭐가 뭔지 모르겠다는 듯 어리둥절한 표정이었다.

"하지만 제가 알아보니까 할머니의 재산은 아버지와 고모가 상속자이기 때문에 저희가 받을 수 없는 걸로 알고 있어요. 그래서 집과 할머니의 돈도 아버지와 고모가 나눠서 갔지만 저희는 어쩔 수 없었고요. 법적으로 따지면 저희에게는 아무런 권한이 없다고 하더라고요."

불안한 기색으로 수성은 황 여사에게 말했다.

"아이고, 걱정 마라, 수성아. 보험금은 상속권과는 상관이 없어. 수익자를 누구로 지정하느냐에 따라서 보험금을 받는 사람이 결정되는 거야. 보험금은 상속되는 재산이 아니기 때문에 계약자가 지정해놓은 수익자가 받을 수 있는 거야. 쉽게 생각하면 상속권자라도 함부로 요구할 수 없는 재산이라고 보면 돼. 그래서 수익자에게 지정된 보험금은 유언에 따른 유산상속과 별개로 독립적으로 진행되는 거야. 결국 보험금을 받는 수익자를 지정해놓는 것은 일종의 유언이라고도 볼 수 있어. 만약에 보험의 수익자를 지정하지 않았을 때는 법정상속권자가 보험금을 받게 되지만 수익자를 분명히 서류상에 명시해놓았을 때는 그 수익자가 보험금을 받게 되는 거란다. 너희 할머니의 경우에도 보험을 들 때 분명히 보험금을 받을 수익자를 며느리인 박순영으로 지정해놓았거든. 이 서류를 한번 봐라. 이 서류가 할머니의 유언장을 대신한다고 할 수 있어. 아버지와 고모가 어떻게 할 수 없는 명백한 증거니까."

"그게 정말이에요?"

"그렇다니까, 수성아 내가 누구니? 보험 일 하다 보면, 이런 쪽으로는 하도 많이 봐서 내가 도사라니까. 수성이 너 그동안 마음고생이 많았나 보구나."

황 여사는 수성의 어깨를 툭툭 두드려주었다.

"보험은 상속과는 별도로 진행되는 거니까 염려 말고 할머니가 남겨주신 유산이라 생각하고 받으면 돼. 너희들이 이렇게 고생하게 될 줄 어떻게 알고 미리 준비하셨는지, 참……."

"어머님 아니었으면 저희가 어떻게 살아왔겠어요. 또 앞으로 어떻게 살아갈 수 있겠어요. 정말 어머님 생각만 하면……."

말끝을 흐리며 순영은 또 다시 고개를 돌렸다.

"이제 자네가 기운 내고 아이들 잘 보살펴야지. 눈물은 그치고 이 돈으로 빨리 전셋집이라도 다시 알아보게나. 아니, 우선은 필요한 서류들을 좀 떼 와야겠어. 이 서류들을 회사에 제출해야 보험금이 나오거든. 여기 보험금지급 청구서를 작성하고 사망진단서와 호적등본, 인감증명서를 떼면 되네. 그리고 자네 신분증도 준비해놓고, 오늘 당장 준비해서 온 김에 내가 가지고 가서 회사에 제출해야겠어. 그래야 하루라도 빨리 나오지."

"엄마, 오빠랑 내가 빨리 가서 서류들 떼 올 테니까 서류 작성하고 계세요."

정희가 벌떡 일어나 코트를 입으며 문을 열었다.

"오빠 뭐해? 빨리 일어나. 나랑 빨리 갔다 오자."

수성은 얼떨한 채 잠바를 입고 정희를 뒤쫓아 나갔다.

수성과 정희가 나가고 나서야 순영은 속마음을 털어놓았다.

"어머님 돌아가시고 나서 모든 게 급작스럽게 일어나서……."

순영은 결국 참았던 눈물을 쏟아냈다.

"왜 아니겠나. 자네처럼 순한 사람이 이렇게 모진 일들을 겪다니, 어쩌면 이런 일들을 못 보고 돌아가신 게 천만다행이라는 생각이 드네."

"네, 그럼요. 그래도 저는 수성이와 정희만 보면 기운이 나요. 아버지 사랑 많이 못 받고 자라게 해서 아이들한테 많이 미안하지만 제가 두 배로 아이들에게 잘하려고요. 수성 아버지도 자식들에게 그렇게 모질게 대한 걸 가슴으로 후회할 날이 있을 거라고 생각해요."

"이제 그 돈으로 전세도 얻고 아이들 학비도 댈 수 있을 거야. 자네 수성이가 졸업하고 취직할 때까지만 좀더 고생하게나. 수성이가 얼마나 자네를 끔찍히 여기는가. 자네, 아이들 하나는 정말 잘 키웠어."

"웬걸요. 제가 키웠나요, 다 알아서 커 주었죠."

순영은 오랜만에 웃으며 말할 수 있었다. 어려운 상황에서도 마음을 털어놓을 수 있는 사람을 만난 것이 기쁘고 고마웠다. 추운 겨울 좁은 단칸방 안에서 순영과 황 여사는 아이들이 돌아올 때까지 울며 웃으며 이야기꽃을 피웠다.

· · ·

수성의 가족은 다시 이삿짐을 쌌다. 이번에는 눈물의 이삿짐이 아니라 희망의 씨앗을 품은 이삿짐이었다. 보험금으로 전셋집부터 구했다. 예전의 집보다는 훨씬 못했지만 그래도 조그만 방이 두 개고 작긴 해도 마당도 있는 집이었다. 무엇보다 다시 그 동네로 돌아갈 수 있다는 사실이 가족들은 기뻤다. 막상 짐을 싸려고 보니 아직 풀지도 않은 짐이 더 많았다.

"얘들아, 짐은 대충 다 쌌으니까 이리 좀 앉아봐라."

순영은 아이들을 불러 자리에 앉혔다.

수성과 정희는 짐을 싸다 말고 와서 방에 둘러앉았다.

"너희들 그동안 정말 고생이 많았다. 할머니 돌아가시고, 힘든 일도 많았는데도 내색도 않고 함께 여기까지 와 준 너희들이 정말로 고맙고 자랑스럽다. 더구나 서로를 걱정해서 학교를 그만두겠다고 하는 걸 보면서 마음이 아팠지만, 내가 자식을 잘못 키우지는 않았구나 싶어 너희들이 얼마나 대견했는지 몰라. 앞으로도 돈 때문에 싸우는 일 절대 없어야 한다. 이번 일로 세상에서 가장 중요한 것은 믿고 의지할 수 있는 가족들뿐이라는 것을 다시 한 번 깨닫지 않았니? 할머니가 마지막까지도 바라셨던 건 그런 걸 거야. 엄마 말 무슨 말인지 잘 알지?"

순영의 말 한 마디 한 마디에는 따뜻하면서도 부모의 깊은 뜻이 담겨 있었다.

"어머니, 어떤 일이 닥친다고 해도 함께 이겨낼 수 있어요."

"엄마, 이제 우리도 다 컸으니까 걱정 마세요. 나만 믿어, 엄마."

"어휴, 넌 아직 어리잖아."

"어머 무슨 말이야. 대학생이면 성인이지."

"애들이 또 이런다. 사이좋게 지내라는 말이 끝나기 무섭게. 자, 그만하고 짐도 다 쌌으니 이제 그만 일어서자."

"네! 이사 개시!"

정희와 수성은 입가에 미소를 가득 띠고 밖으로 나갔다.

세 식구가 리어카로 부지런히 짐을 나르고 끈으로 단단히 동여맸다.

"제가 앞에서 끌 테니까 뒤에서 밀어주세요. 자 출발합니다."

이틀 전에 내린 눈으로 길은 미끄러웠지만 리어카를 끄는 수성의 마음은 기분 좋게 들떠 있었다.

"오빠, 요즘 운동 안 하는구나. 좀더 세게 끌어 봐."

수성과 가족들은 모두 들뜬 기분으로 이야기를 나누며 입김을 후후불었다. 이제 매섭던 추위도 한풀 꺾이고 조금씩 봄기운이 느껴졌다.

chapter 2

자식에게 무엇을
남겨줄 것인가

가정의 부채가 늘고, 가족이 해체하는 경우가 많아지고 있다.
본인의 의지와는 상관없이 불행하게도 빚을 남겨주고 떠나는 부모 역시
사랑하는 가족과 자식들에게 빚을 떠안기고 싶지는 않았을 것이다.
갑작스럽게 일어날 수 있는 사고에 대비한 철저한
준비만이 가족의 소중한 보금자리를 지킬 수 있다.

뒤늦은 용서를 구하다

"사장님, 생산라인은 별 문제 없습니다. 한 일주일 동안 야근하면 물량은 맞출 수 있을 것 같습니다. 직원들에게도 다 일러두었고요."

"공장장이 책임지고 기한까지 물량을 꼭 맞추세요. 이번 건은 우리회사가 앞으로 나아가는 큰 발판이 될 겁니다. 그런 만큼 사활을 걸고해주세요."

"네, 사장님. 걱정 마십시오."

김수성은 목소리에 힘을 주어 말하며 공장장의 어깨를 두드렸다. 바쁘게 돌아가는 공장과 열심히 일하는 직원들을 바라보는 수성의 눈빛에는 그 어느 때보다 힘이 실려 있었다.

공장을 시찰하고 회사로 돌아오는 차 안에서 수성은 여러 가지 생각에 잠겼다. 이번 일은 회사가 미국으로 진출하느냐 마느냐가 달린 중대한 거래였다. 해외수출은 처음이었다. 여러 차례 수출 가능성을 타진해 보던 중에 미국의 한 회사로부터 제의를 받았다. 다행히 미국 쪽에서 좋은 조건을 제시하여 수성의 회사가 물건을 납품하기로 한 것이다. 꿈의 수출을 위해 수성은 계약서에 도장을 찍을 때까지 한 치의 오차 없이 일을 진행시키기 위해 뛰어 다니고 있었다.

김수성이 회사를 설립한 것은 지금으로부터 10년 전의 일이었다. 지금의 회사를 설립할 수 있었던 것은 순전히 그의 머릿속에서 나온 아이디어가 큰 역할을 했다. 수성도 할아버지와 아버지를 닮아 손재주가 많았다. 처음에 회사를 차려놓고 사장이라는 직함은 걸었지만 늘 혼자서 발로 뛰어다녔다. 처음하는 사업인 만큼 막다른 골목에서 혼자 쓴 눈물을 삼킨 적이 한두 번이 아니었다. 어머니의 격려와 아내의 내조가 없었다면 여기까지 오기 쉽지 않았을 것이다. 가족들은 회사 옆에 마련한 방에서 동고동락하며 고생을 마다 않았다. 처음 사업 얘기를 꺼낼 때 가족들이 반대하지 않고 자신을 따라준 생각을 하면 고마운 마음부터 들었다.

어머니는 할머니가 돌아가시고 어려운 일을 겪으면서 완전히 다른 사람이 되었다. 늘 부드럽고 할머니 말씀에 순종하던 어머니는 철의 여인이 되었다 해도 과언이 아닐 정도로 곧고 강인한 사람이 되었다. 세월의 풍파가 어머니를 그렇게 만든 것이다. 어떻게 해서라도 아들과 딸을 보듬어주고 뒷바라지하기 위해서 남의 집살이는 물론 화장품 판매 등 안 해본 일이 없었다. 첫 직장에 들어갔을 때 양복을 한 벌 사놓고 하염없이 눈물을 흘리시던 어머니의 모습을 수성은 잊을 수 없었다. 어머니는 벽에다 양복을 걸어놓고는 그것이 아들인 양 자랑스러운 눈빛으로 바라보고 또 바라보았다. 와이셔츠 하나를 다려도 얼마나 공들여 정성스럽게 하는지 수성이 보기 미안할 정도였다. 양복을 입고 출근하는 수성의 뒷모습이 멀어질 때까지 등 뒤에서 손 흔들어주던 어머니. 어머니는 그렇게 늘 수성의 든든한 버팀목이 되어주었다.

한번은 사업을 시작하고 첫 번째 부도 위기가 왔을 때 순영은 보험 해약에 필요한 서류를 준비해와서 슬며시 내밀었다.

"수성아. 이거 해약해봤자 몇 푼 안 나오겠지만……."

순영은 차곡차곡 쌓아온 보험을 내놓았다. 하지만 수성은 받을 수 없었다. 집에서 쫓겨났을 때 할머니의 보험이 없었다면 지금처럼 사는 것도 힘들었다는 것을 누구보다 잘 알고 있는 수성은 절대 그럴 수 없다며 어머니를 만류했다. 보험은 궁지에 몰린 수성의 가족을 지켜주었던 유일한 대비책이었다.

"어머니, 어머니 뜻은 말씀하지 않으셔도 제가 잘 알아요. 하지만 어머니께서 얼마나 알뜰하게 모아서 어떻게 유지해온 건데, 제가 그걸 어떻게 써요. 그리고 나중에 더 힘든 일이 언제, 어떻게 닥칠지 몰라요. 그때를 대비해서라도 잘 두는 게 좋을 것 같아요."

아들의 뜻은 누구보다 잘 알지만 순영은 나중까지 생각할 겨를이 어디 있냐며 눈물을 쏟았다.

그렇게라도 오직 아들을 위해 자신의 몸을 아끼지 않는 어머니를 보며 수성은 여기서 주저앉을 수 없다고 다짐했다.

그때 순영은 아들의 손을 꼭 잡고 당부했다.

"이곳이 바닥인 것 같아도 누구나 시작은 여기서 한다. 네 말처럼 지금은 힘이 들어도 이 고비만 잘 넘기면 곧 괜찮아질 거야. 더 힘든 일도 겪었잖니? 이 어미도 너를 믿는다."

수성은 어머니 생각에 눈가가 축축하게 젖어 들어갔다.

• • •

회사에 도착한 수성은 차에서 내려 입구로 들어서고 있었다.

"아이구. 이제 좀 가시라니까요. 벌써 몇 시간째입니까? 여기서 이러고 계시면 안 돼요. 할아버지."

"잠깐이면 돼요. 사장님 좀 만나게 해 주세요."

수성이 돌아보자 회사 입구에서 경비원과 한 노인이 실랑이를 벌이고 있었다.

"거기 뭔가."

"앗, 사장님. 이분이 자꾸 사장님을 뵙겠다고."

사람은 집에 있을 때 그의 행복에 가장 가까와지고, 밖으로 나가면 그의 행복에서 가장 멀어지는 법이다.
- J.G.홀런드

수성이 가까이 다가가도 노인은 고개를 들지 않았다. 잠시 뒤에 중절모를 벗어든 노인의 얼굴을 보고는 소스라치게 놀라 더 이상 말을 잇지 못했다. 수성의 눈앞에 있는 사람은 바로 아버지였다. 검버섯이 피어 병색이 완연한 얼굴에 비쩍 말라 알아보기 힘들었지만 분명 아버지였다.

"수성아."

수성은 무슨 말을 해야 하는지 아무 생각도 나지 않았다.

"사장님 아시는 분이세요?"

수성은 가까스로 정신을 가다듬고 경비원에게 말했다.

"조금 있다가 이분 사장실로 모시고 오세요."

김수성은 혼자서 뚜벅뚜벅 걸어 사장실로 올라갔다. 걸으면서 다시 아버지와 마주할 생각을 하니 용기가 나지 않았다. 꼭 20년 만이었다. 하지만 옛날 가족들에게 매몰차게 대했던 아버지의 모습은 온 데 간 데 없었다. 수성은 소파에 앉아서 물을 마시며 떨리는 가슴을 진정시켰다.

잠시 뒤 고개를 푹 숙인 김대로가 사장실로 들어와 맞은편에 앉았다. 비록 머리에 기름도 발라 반듯하게 빗어 넘기고 양복도 차려 입었지만 예전의 그 얼굴이 아니었다.

"수성아, 미안하다. 갑자기 찾아와서 많이 놀랐지?"

"여긴 어떻게 알고 오셨어요?"

"동네 사람들한테 물어봐서 알았다. 혹시나 해서 옛날 집을 찾아갔더니, 네가 성공했다고 동네 사람들 칭찬이 대단하더라."

수성은 아버지와 말은 나누고 있었지만 눈은 먼 산을 쳐다보며 무심하게 내뱉었다.

"그런데 갑자기 무슨 일로 오셨어요?"

"입이 열 개라도 할 말이 없는 사람이라는 건 나도 잘 안다. 내가 죽일 놈이지. 내가 천벌 받아 마땅하지. 조강지처와 자식 다 버리고 이제 와서 너한테 무슨 낯짝으로 찾아왔는지……."

"그런 말씀하시려거든 가세요. 전 드릴 말씀 없습니다."

"그래도 내가 죽기 전에는 자식한테 용서를 구하고 눈을 감아야 할 것 같아서 이렇게 용기 내서 찾아왔다. 내 나이 벌써 칠십이 다 됐는데, 언제 죽을지도 모르고 지난 잘못 때문에 자식 얼굴 한 번 못 보고 죽으면 죽어서도 한이 될 것 같아 염치 불구하고 찾아왔다. 이 못난 아비가 이제야 이렇게 후회를 하는구나."

김대로는 결국 흐느낌을 참지 못하고 눈물을 훔쳤다.

그런 모습을 지켜보던 수성도 참담한 기분이 든 건 마찬가지였다. 하지만 아버지를 용서하기에는 지난날의 고통과 앙금이 너무 깊게 뿌리박혀 갑자기 찾아온 '아버지'라는 현실을 인정하기 어려웠다. 사실 '아버지'라는 말도 입 밖으로 잘 나오지 않았다.

"젊은 날의 나를 용서해라, 수성아! 그리고 너희 엄마에게도 너무 늦었지만 죽기 전에 용서를 구하고 싶구나."

수성은 아버지 입에서 어머니 이야기가 나오는 걸 듣고는 한참을 망설이다 말문을 열었다.

"용서라고요? 어머니 돌아가시고 이제 와 그게 무슨 소용이에요."

김대로는 아들의 말에 순간 멈칫했다.

"무슨 말이야? 그게 정말이냐? 몹쓸 사람 같으니, 고생만 하다가 그렇게 일찍 갔구나."

"벌써 5년 전이에요."

"어떻게……?"

"교통사고였어요."

김대로는 남처럼 무심하게 대하는 수성의 반응에 더 괴로웠다.

"평소에 별 말씀 없으시던 어머니가 이상하게도 돌아가시기 전에 아버지 안부를 부쩍 궁금해하셔서 제가 여기저기 알아봤는데……."

"아니야. 난 정말 몰랐다."

김대로는 아들의 말을 듣고는 손을 내저으며 부인했다.

수성은 그때가 떠올라 다시 화가 치밀어 올랐다.

어머니가 돌아가시기 한 달 전쯤 자꾸만 아버지가 꿈에 나온다며 걱정을 하여 수성은 아버지 안부를 수소문했다. 아버지의 예전 회사로 찾아도 가보고 했지만 연락이 닿지 않았다. 아버지 친구에게도 전화번호를 남겼지만 아무 소식이 없었다. 사고로 돌아가신 어머니가 자신의 죽음을 미리 알고 아버지를 찾았던 건 아닌가 생각되어 수성은 더 마음 아팠다.

"내가 죄가 많은 사람이다. 죽기 전에 너희 엄마한테도 꼭 용서를 빌고 싶었는데……."

아들의 말을 들은 김대로는 목이 메어와 말을 잘 잇지 못했지만, 다시 가다듬고 어렵게 말을 꺼냈다.

"하지만 자식들에게는 지금이라도 꼭 용서를 빌고 싶다."

"제발, 그만하세요. 이젠 소용없어요. 어머니가 살아계셨다면 용서하셨겠죠. 어머니는 충분히 그럴 수 있는 분이시니까요. 하지만 전 아니에요. 이제 와서 어떻게 아버지를 받아들이겠어요. 할머니 돌아가시고 집에서 쫓겨난 이후 제게 아버지는 없는 존재나 마찬가지였어요. 가족들을 속이고 그 추운 겨울에 집에서 내쫓기까지 한 아버지를 어떻게 제가 용서하겠어요."

수성의 목소리는 조금씩 떨리며 격앙되어 갔다.

"어머니가 살아계셨더라면 어머니의 뜻에 따라야 했겠지만 이제는 어머니도 돌아가셨으니 다 소용없어요. 그러니 이만 돌아가세요."

다 소용없다는 아들의 말에 김대로는 눈물을 훔치며 옷 속에서 주섬주섬 뭔가를 꺼냈다.

"너에게 이거라도 전해주고 싶었다."

꼬깃꼬깃 접힌 봉투 안에서 김대로가 꺼낸 것은 돈이었다.

수성은 돈을 꺼내 든 아버지 모습을 보고는 당황했다.

"이게 뭡니까?"

"오래 전에 네 할머니께 받았던 고향 땅에 도청이 들어선다는구나. 그래서 몇 달 전에 토지보상금을 좀 받았어. 그걸 받고 나니 네 할머니 생각도 나고 너희들 생각이 더 간절해지더라. 자식 노릇, 남편 노릇, 아비 노릇 못한 거 가슴에 한이 돼서 밤마다 후회했다. 늦었지만 이 돈이라도 너한테 꼭 주고 싶다. 이 돈은 네 돈이야."

수성은 만감이 교차하는 얼굴로 봉투를 노려보았다.

"이제 와서 이러면 마음이 편해지세요? 이까짓 돈으로 지금까지 못했던 아버지 노릇이 다 만회가 된다고 생각하세요? 전 그 돈 못 받습니다. 아니, 안 받습니다."

"내가 이대로 죽으면 죽어서도 눈 못 감는다. 이렇게라도 너희들에게 사죄하고 싶어 그래. 이제 살날도 얼마 남지 않았고 자꾸만 너와 정희 모습이 어른거려 요즘 통 잠을 이룰 수가 없구나. 마지막으로 너와 정희 얼굴 한 번이라도 보고 싶어서……."

수성은 아무 말 없이 가만있었다. 20년이 지난 지금에야 찾아와서 돈을 내밀며 용서를 구하는 아버지를 도저히 받아들일 수 없었다. 이제 자신도 아이를 셋 둔 아버지 처지에서 아버지를 이해하려 했지만 마음이 움직이지 않았다.

"수성아, 내가 죽으면서 이 세상에 남기고 가는 건 오로지 자식 셋뿐이다. 그런데 너와 정희 얼굴 못 본 지가 20년이 넘었고 늘그막에 얻은 자식은 아직 철없고 어려서 저걸 두고 내가 눈이나 감을 수 있을지 모르겠구나. 다 늙어서 인생을 잘못 산 대가를 혹독하게 치르고 있구나. 그래서 내가 가진 거라고는 이것뿐이니, 이거라도 너에게 주고 싶다. 눈 감기 전에 너와 정희에게 용서도 빌고 싶고."

김대로는 애타는 눈으로 아들을 바라보았다.

"아버지가 이제 와 이렇게 말씀하셔도 달라지는 건 없어요. 그냥 살아왔던 대로 살면 돼요. 지금에 와서 다시 가족이 되어 살아갈 수 있다고 생각하시는 거예요? 마음속에 증오와 원망을 가득 안고 우리가 다시 가족이라는 이름으로 뭉칠 수 있겠어요? 전 불가능하다고 생각해요. 갑자기 찾아와서 왜 이러시는지 모르겠네요. 돌아가세요. 그리고 다시는 나타나지 마세요."

평소의 온화한 모습과는 달리 수성은 거침없이 냉정한 말을 쏟아냈다. 수십 년을 수성의 가슴 속에서 맺혀 있던 말들이 비수처럼 날아가 김대로의 가슴을 후벼 팠다.

"그래, 네 심정을 충분히 이해한다. 나라도 그랬을 거야. 하지만 이렇게라도 네 얼굴을 보고 나니 마음만은 좀 후련해지는구나. 더 이상은 귀찮게 하지 않으마. 그래도 이 돈은 네 몫이다. 못난 아버지의 마지막 마음이라고 생각하고 받아줄 수 없겠니?"

김대로는 돈봉투를 탁자 위에 두고 그대로 일어섰다.

"왜 이러세요. 정말. 이거 가져가세요."

수성은 봉투를 들고 우격다짐으로 아버지의 양복 주머니에 넣었다.

김대로는 힘없는 노인의 얼굴을 하고 씁쓸한 미소를 지어 보였다.

"알겠다. 이제부터라도 너를 위해서 기도하는 마음으로 살아가마. 이렇게 잘 살아줘서 정말 고맙다."

김대로는 쓸쓸한 뒷모습을 보이며 사무실을 나갔다.

20년 만에 찾아온 아버지를 만난 수성은 사무실에 늦게까지 남아 생각에 잠겼다. 할머니, 얼굴이 어른거렸다.

'아버지를 용서하고 받아들였어야 했을까? 이제는 힘없고 불쌍한 늙은이일 뿐인데.'

하지만 오랜 세월 키워온 증오와 원망은 수성을 놓아주지 않았다. 지난날 아버지 회사 앞에서 모욕을 당한 일과 집에서 쫓겨나던 날의 설움이 지금까지도 각인되어 있었다. 얼마나 모멸감에 떨었나. 얼마나 울었나. 절대로 지워지지 않는 그 기억들이 어제 일처럼 수성의 머릿속을 스치고 지나갔다.

하지만 어머니도 늘 할머니처럼 당부의 말을 잊지 않았다. 언젠가 아버지가 돌아오면 용서하고 받아들이라고 했지만 수성은 아버지가 다시 돌아올 일도 없을뿐더러 돌아온다 하더라도 절대 용서할 수 없다고 생각했다. 아버지가 가족이라는 생각은 이미 지워버린 지 오래였다.

어머니의 마지막 유산

"아빠! 다녀오셨어요."

현관문을 열고 들어가자 세 아이들이 주루룩 서서 인사를 했다.

"아니, 아직까지 안 자고 있었어?"

김수성은 나란히 서 있는 아이들을 보니 절로 웃음이 나왔다.

"많이 늦었네요. 식사는 했어요?"

"응. 먹었어."

수성은 아내와 아이들의 얼굴을 보자 근심이 싹 가셨다. 수성에게 아이들은 여느 아버지처럼 이 세상을 살아가는 힘이었다. 아버지가 있어도 없는 것이나 마찬가지였던 성장기를 보낸 수성은 자식들에게만큼은 항상 곁에서 돌봐주는 울타리가 되어주겠다고 굳게 마음먹었다. 아이들이 크는 걸 볼 때마다 수성은 어머니가 좀더 살아계셨더라면 하는 생각에 마음 한구석이 허전했다.

아내한테 아직 아버지 이야기를 꺼내지 않은 수성은 잠이 오지 않아 뒤척이다가 마당으로 나갔다. 지난봄에 아내와 아이들이 심어놓은 붉은 장미가 제법 무성하게 피었다. 마당에는 예전부터 있던 감나무 세 그루 외에도 다시 집으로 돌아온 후에 심은 모과나무, 자두나무가 한 그루씩 있었다. 그리고 한 귀퉁이에는 텃밭이 있어 아내가 직접 기른 상추를 상에 올리곤 했다. 수성은 자신이 어릴 적부터 살아온 이 집에서 아이들이 자라는 것이 무엇보다 기뻤다. 수성은 차곡차곡 모은 돈으로 이 집부터 샀다. 그리고 3년 전 회사가 어느 정도 자리를 잡으면서 구옥을 허물고 다시 2층짜리 양옥으로 지었다. 집을 새로 짓고 나자 동네 사람들이 모두 부러워하는 멋진 집으로 변신했다. 아내는 할머니와 어머니가 그랬던 것처럼 마당에 화단을 만들고 꽃을 가꾸기에 여념이 없었다. 수성은 자신이 바라던 삶을 사는 것에 만족했다. 그런데 오늘 아버지의 갑작스런 방문은 또 다시 수성을 몹쓸 고통과 고민 속으로 밀어 넣었다.

사실 수성이 여기까지 오는 데에는 우여곡절이 많았다. 여동생 정희가 소개해준 첫 번째 아내와의 결혼생활이 채 일 년도 되기 전에 아내는 아들 서진이를 낳다가 병원에서 죽고 말았다. 핏덩이를 안고 어머니는 우유를 먹여가며 눈물로 손자를 키웠다. 그 이후로도 3년간 어머니는 혼자서 서진이를 기르고 수성을 뒷바라지 하느라 갖은 고생을 다하셨다. 수성 역시도 아내를 그렇게 떠나 보내고 나서 순탄치 못한 자신의 인생을 자책하며 방황하는 시간을 보냈다. 그 가운데서도 엄마 잃은 것도 모르고 쑥쑥 자라는 서진을 보며 차츰 용기를 얻고 새로운 삶을 시작할 수 있었다. 지금의 아내와 재혼을 한 수성은 어떻게 해서든 다시는 불행의 소용돌이에 휘말리지 않겠다고 굳은 결심을 한 터였다. 다행히도 지금의 아내 최정자는 서진이를 제 자식처럼 키우면서 아래로 딸 수진과 막내아들 우진이 남매를 낳고 집안을 살뜰히 꾸려나갔다. 그렇게 여섯 가족은 함께 행복한 시간을 보냈다.

수성은 어머니가 돌아가시던 그날을 떠올렸다.

· · ·

아이들의 운동회 준비로 아침부터 집안은 분주했다. 수성은 가족과 함께 점심을 먹고 회사에 출근할 요량으로 새벽부터 김밥을 싸는 아내를 거들었다. 나들이라도 가는 것처럼 다들 들뜬 마음이었다. 아내는 세 아이 준비물을 챙겨주러 먼저 집을 나섰다. 어머니가 올 시간에 맞춰 수성은 교문 앞으로 나갔다. 며칠 전 의정부에 간 어머니는 이모님을 뵙고 바로 학교로 오시기로 했다. 잔뜩 찌푸린 날씨로 비가 오지나 않을까 걱정하면서 수성은 한참을 기다렸는데도 어머니는 오지 않았다.

교문 앞은 노란 체육복을 입은 병아리 같은 아이들이 무리지어 통과했고 학부형들도 손에 잔뜩 뭔가를 들고 부지런히 몰려왔다. 출발하기 전 전화한 시간을 봐서는 도착해도 벌써 도착했을 시간이었다. 이제 운동회가 시작하려는지 운동장에서는 행진음악이 울려 퍼지고 있었다. 수성은 자꾸 불길한 생각이 들었다. 점심시간이 될 때까지도 어머니는 나타나지 않았다. 아내와 아이들에게 먼저 점심을 먹으라고 얘기하고 수성은 큰길 정류장으로 나갔다. 한참을 서성였지만 어머니의 모습은 보이지 않았다. 집으로 돌아와 어머니가 갈 만한 곳을 수소문해 보는 중에 전화가 걸려왔다.

수성은 눈앞이 캄캄해졌다. 허겁지겁 택시를 타고 병원으로 향했다. 택시 안에서 수성은 마음속으로 빌고 또 빌었다.

'제발 어머니, 어머니. 안 돼요, 어머니.'

사고를 당한 순영은 겨우 의식을 차리고 있었다. 아들 수성을 알아보고는 뭐라고 입을 달싹였다. 수성은 숨을 죽이고 어머니의 입가에 귀를 댔다. 수성은 큰소리로 말했다.

"어머니. 저 수성이 왔어요."

순영의 목소리는 점점 잦아들었다.

"난……. 괜찮다……."

아들의 울부짖음에 순영은 가까스로 손을 움직여 수성의 손을 잡았다. 그리고 자신의 손가락에 끼어 있는 옥반지를 겨우 빼서 수성의 손에 건넸다. 그것은 시어머니로부터 물려받은 반지였다. 이내 의식을 잃고는 그것이 마지막이었다.

"어머니, 이렇게 가시면 어떡해요. 안 돼요. 어머니, 그렇게 평생 고생만 하시다가 이제 효도 좀 해보려고 하는데, 이렇게 가시다니요. 안 됩니다, 어머니, 어머니."

수성은 오열하다 그대로 쓰러졌다. 옆에서 어머니의 임종을 지켜보던 최정자도 이내 주저앉았다.

장례식을 치르고 난 뒤 며칠이 지나서 수성은 혼자서 어머니의 방에 들어갔다. 어머니의 유품들을 정리하고 어머니를 완전히 떠나보내야 했다. 수성은 어머니가 쓰시던 물건 하나하나를 박스에 넣고 간직할 것들은 따로 모았다. 평생을 정갈하게 살아오신 어머니처럼 남은 물건들도 검소한 어머니를 보는 듯했다. 서랍을 열자 몇 권의 노트가 보였다. 그것은 어머니의 일기장이었다. 수성은 펼쳐지는 대로 읽어보다. 짧게 몇 줄로 하루 일과를 요약해 놓은 일기들 사이에서 가장 많이 눈에 띄는 것은 '오늘 하루도 가족들 모두 건강하고 무탈하다. 감사하다'라는 글귀였다. 일기장의 절반 이상이 '가족들에 대한 근심과 사랑'이 묻어나는 글이었다. 평소에도 늘 감사하며 만족한 삶을 살았던 어머니의 모습이 눈앞에 선해 수성은 코끝이 찡해왔다.

19○○년 5월 20일

수성이 처가 죽은 지 세 달이 지났다. 서진이 이 어린 것이 엄마가 없는 줄도 모르고 예쁘게 잘 웃는다. 수성이가 한동안 마음을 못 부치더니 어린 자식을 보고 조금씩 용기를 얻는 것 같다. 이제 수성이도 부모가 된다는 게 어떤 건지 알 것이다. 내 몸이 부서지는 한이 있어도 수성이와 서진이를 위해서 다시 시작한다는 생각으로 뒷바라지를 해야 한다. 어서 수성이가 다시 일어설 수 있도록 용기를 북돋아야 한다. 내일은 서진이를 업고라도 공장에 나가봐야겠다. 공장에 나가 본 지 너무 오래 되었다.

19○○년 1월 8일

날씨가 춥다. 수성이가 어제 저녁에 식구들을 호텔 식당에 데리고 갔다. 이번에 큰 계약이 성사되었다며 데리고 갔지만 아직은 때가 아닌 것 같아 아들을 크게 꾸짖었다. 직원들 월급 주기도 빠듯한 처지에 그렇게 흥청망청 돈을 쓰면서 앞으로 어떻게 사업을 하려고 그러는지 걱정이다. 수성이 마음을 모르는 건 아니지만 애들을 데리고 다시 집으로 돌아와서 밥을 먹었다. 식구들에게 좋은 밥 사주고 싶고 좋은 곳에 데리고 가고 싶은 심정이야 충분히 알지만 그건 나중에 해도 늦지 않다. 밥을 먹으면서 나중에 우리 정말 좋은 곳에 놀러 가고 좋은 일도 하자고 말했다. 지금은 앞만 보며 열심히 해야 할 시기다. 그래야 더 좋은 가장, 좋은 사업가가 될 수 있다.

19○○년 10월 5일
내일은 의정부 언니네 갔다가 한 밤 자고 다음날 서진이 운동회에 가야 된다. 언니가 아파 누웠는데 가 보지도 못하고 해서 약 지어서 간다. 아프지 말아야지. 내가 아프면 자식들이 고생하니까 나는 아프지 말아야지. 우리 가족들은 모두 건강하고 무탈하다. 감사하다.

이것이 어머니의 마지막 일기였다. 수성은 일기장을 보며 하루 온종일 어머니의 방에서 숨 죽여 울었다.

수성은 그날을 생각하면 참을 수 없이 괴로웠다. 살아계셨더라면 이제는 손자들 보고 웃으며 옛날 얘기도 하고 편안한 여생을 보낼 수 있었는데 고생만 하다가 그렇게 갑자기 돌아가신 어머니가 수성에게는 가슴 속에서 영원히 마르지 않는 눈물이었다. 어머니를 떠올리니 낮에 찾아온 아버지 생각에 마음이 편치 않았다. 어머니가 살아계셨다면 이런 자신을 꾸짖고 나무라셨을 것이다.

수성은 서랍 속에서 상자를 하나 꺼냈다. 상자 속에는 어머니가 남기

세상에는 여러 가지 기쁨이 있지만 그 가운데 가장 빛나는 기쁨은 어머니의 웃음이다.
- 페스탈로치

신 옥반지가 들어 있었다. 오랜 세월 어머니의 손에 끼워져 있던 가락지는 세월만큼이나 투박하고 낡아 있었다. 하지만 가락지는 묘하게도 어머니와 닮아 있었다. 수성은 가락지를 계속해서 만지작거렸다. 동그란 원을 천천히 따라가며 지난 세월을 생각했다. 수성이 힘들고 어려운 시간을 극복할 수 있었던 힘에 대해 생각했다. 역시 가족이었다. 가족이라는 울타리 안에서 어떤 역경도 헤쳐 나갈 수 있는 힘이 생겨났던 것이다.

'어머니가 살아계셨더라면' 하는 생각에 미치자 수성은 지금 할 수 있는 일에 대한 분명한 답이 나왔다. 어머니에게 못 다 한 효도를 하기 위해서라도 어머니의 뜻을 거스르는 일은 하지 말아야 했다.

'그래, 아버지를 만나야겠다.'

끝내 지키지 못한 약속

이른 새벽 전화벨 소리가 요란하게 울렸다.

"이 시간에 누구지?"

최정자는 더듬더듬 전화기를 찾아 집어 들었다.

"여보세요? 네? 잠시만요. 여보 전화 좀 받아봐요."

잠에서 깬 수성은 미국에 보낸 제품에 클레임이 생긴 건 아닌가 싶어 덜컥 염려스러운 마음으로 전화를 받았다.

"저……. 혹시 김대로 씨 아시죠?"

수성은 수화기 너머로 아버지 이름을 듣자 정신이 번쩍 들었다.

"저는 김대로 씨 아들 김직진이라고 합니다. 아버지가 무슨 일이 생기면 이쪽으로 연락을 하라고 하셔서요. 지금 병원으로 와주셔야 할 것 같아요."

수성은 정신이 아득해졌다.

'아버지가 돌아가셨다니…….'

이렇게 빨리 돌아가실 줄은 정말 몰랐다. 수성은 겨우 병원의 위치를 묻고는 전화를 끊었다.

병원 영안실에 도착한 수성은 곧장 아버지의 빈소로 달려갔다. 빈소 안에는 이십대로 보이는 청년 혼자 자리를 지키고 있었다.

"혹시 김직진 씨?"

"네, 김직진입니다."

"어찌 된 건가?"

"아버지 암이셨는데 말씀 안 하셨나 보죠?"

직진은 대수롭지 않다는 듯 말을 하고는 밖으로 휙 나가버렸다.

수성은 아버지의 영정 사진 앞에 주저앉았다. 만감이 교차하며 설움이 복받쳤다.

"아버지, 저 왔어요. 수성이 왔습니다. 어떻게 아버지는 끝까지 저한테 이렇게 모질게 구세요. 아버지를 용서하려고 마음먹었는데 저한테 기회도 안 주시고 이렇게 떠나시다니요. 저한테 해준 게 없으면 자식 된 도리라도 하게 해주셔야지요. 이제 아버지를 용서하고 어머니와 한 약속도 지키려고 마음먹었는데…….'

수성은 비통한 마음을 감추지 못하고 눈물을 흘렸다.

텅 빈 빈소 안에서 수성은 흐느끼며 마음속으로 아버지를 애타게 불렀다. 오랫동안 불러보지 못한 아버지라는 이름을 한꺼번에 쏟아내기라도 하듯 울먹이며 연이어 아버지를 불렀다. 수성이 고개를 숙이고 눈물을 흘리는 사이에 동생 정희가 달려왔다. 정희도 놀란 얼굴로 허둥지둥 달려와 낯선 아버지의 사진 앞에 엎드려 울음을 터뜨렸다.

"아버지, 아버지, 아버지……. 죄송해요. 조금만 더 일찍 오시지 그러셨어요. 이렇게 아버지 가실 줄 알았으면 더 빨리 아버지를 찾는 거였는데……. 아버지, 조금만 더 사시지 그랬어요. 아이고, 아버지. 어떻게 돌아가시기 전에 찾아와 자식 가슴에 피멍이 들게 하세요? 진즉 찾아오셔서 어머니도 만나고 손자들 한번 안아보기라도 하고 돌아가셨으면 제가 이렇게 가슴이 아프지는 않잖아요. 네? 아버지."

아버지가 돌아가시기 며칠 전 결심을 굳힌 수성은 동생에게 집으로 오라고 해서 아버지 얘기를 꺼냈다. 정희는 뜻밖의 얘기를 듣고는 고개를 저으며 절대로 안 된다고 성화였다. 처음에 수성이 느꼈던 감정과 같았다. 하지만 수성은 아버지의 모습을 보고 나면 동생도 마음을 돌릴 것이라고 생각했다. 그리고 어머니의 기일에 아버지를 집으로 초대하겠노라고 정희와 아내에게 말해버렸다. 정희는 꼭 그렇게까지 해야 하냐고 했지만 결국 수성의 뜻에 따르겠노라고 말했다. 사실 정희도 내심 아버지가 보고 싶은 눈치였다.

그런 정희도 막상 아버지가 돌아가시자 사무치게 후회가 되는지 영정 앞에 엎드려 울음을 터뜨렸다.

"아이구……. 아버지, 이제 곧 아버지 만날 줄 알고 있었는데 이게 어쩐 일이에요. 이렇게 가실 줄도 모르고……."

수성은 울고 있는 정희의 어깨를 붙잡고 함께 흐느꼈다. 최정자도 머뭇거리며 다가와 두 사람의 어깨를 어루만졌다.

• • •

수성은 어머니가 계시는 공원묘지에 아버지를 묻어드렸다. 합장을 하지는 않았지만 바로 옆에 나란히 무덤을 만들었다.

"어머니, 이제 아버지 옆에 계시니까 걱정 마세요. 우리 엄마 내색은 안 해도 만날 아버지 걱정하시더니 이제야 시름 더셨네."

정희가 눈물을 찍어내며 혼잣말을 했다.

어머니의 장례식이 있던 날처럼 티 없이 맑고 청명한 가을이었다. 세 아이들은 할머니의 무덤가를 빙빙 돌며 술래잡기를 하고 있었다. 수성은 김대로의 무덤에 붉은 흙을 보며 혼잣말로 중얼거렸다.

"어서 어서 흙이 마르고 풀이 자라 어머니 무덤처럼 보기 좋게 돼서 아버지도 힘들었던 이 세상 일 다 잊으시고 어머니와 함께 편안하세요."

수성은 기도하는 심정으로 무덤가의 흙을 자꾸만 위로 쓸었다.

"이만 내려가죠. 저, 저녁에 일도 해야 되는데……."

멀찍이 떨어져 서 있던 직진이 식구들에게 재촉했다.

서울로 올라가는 길은 휴일이라 그런지 도로가 꽉 막혔다. 늦은 오후
인데다 양수리 쪽으로 나들이 갔던 차량들이 한꺼번에 서울로 향하고
있어 정체가 더 심했다.

"이러다 늦겠네. 더 빨리 나올걸."

직진은 연신 시계를 보며 조바심을 냈다.

"자네 휴일인데도 출근해야 되나 보지."

"술집에 휴일이 어디 있어요."

"어?"

"술집에서 일하고 있어요."

"아버지도 돌아가셨는데, 오늘 하루는 쉬는 게 어떻겠나?"

"에이, 하루 팁이 얼만데요. 그걸 왜 쉬어요."

직진은 어림없다는 말투로 창밖을 보며 말했다. 수성은 아버지가 찾
아왔을 때 철없는 아들을 두고 눈 감기가 두렵다고 했던 말이 불현듯
떠올랐다.

"자네, 어머니는 어떻게 되셨나?"

"몰라요."

"언제 헤어지셨는데?"

"오래 됐어요. 아버지 사업 망하고 나서 집 나가서서 재혼했단 얘기

만 들었어요. 뭐 저야, 이제 신경도 안 써요."

직진은 관심 없다는 듯 무심하게 말했다.

수성은 직진의 태도가 탐탁지 않았지만 한편으론 아버지가 걱정하셨던 마음이 이해가 가기도 했다. 수성 역시 아버지로부터 외면받았던 시절에 세상에 대한 적대감에 사로잡혀 있었던 사실이 떠올랐다.

"자네 그러지 말고 어디 제대로 된 곳에 취직하는 게 낫지 않겠어?"

"취직요?"

"젊은 사람이 제대로 된 직장을 다녀야지. 가족도 꾸리고 하려면."

"어디 취직하는 게 말처럼 쉽나요?"

"일단 이리로 한번 찾아오게."

수성은 직진에게 명함을 내밀었다.

수성이 건넨 명함을 보고는 호들갑을 떨며 직진은 말했다.

"우와! 형님, 사장님이세요?"

"아버지가 돌아가시기 전에 나를 찾아 온 적이 있네. 그때 자네 걱정을 많이 하셨어. 아직 나이도 어린 자네를 두고 떠날 생각에 안심이 안 되셨겠지. 자네도 알겠지만 아버지가 부모, 자식 다 버리고 나가신 분이야. 그래도 죽기 전에 날 찾아오신 걸 보면 자식 걱정이 많으셨던 거야. 우리에게도 미안하고 또 자네 걱정도 되고."

순간 직진은 멈칫했지만 곧 대수롭지 않게 말했다.

"에잇, 아버지는 꼭 그렇게 사람 짜증나게 한다니까. 언제는 뭐 돈 평펑 쓰게 해주고 살았나."

수성은 직진의 말 한 마디 한 마디가 거슬렸지만 꾹 참아 눌렀다. 방금 장례를 치른 아버지를 생각하며 참아냈다.

"저기 횡단보도 앞에 좀 세워주세요."

"자네 일하는 곳은 어딘가?"

"저기 골목 안에 있어요."

"그럼 조만간 꼭 한 번 찾아오게."

"네 생각 좀 해보고요. 제가 어디 매여서 지내는 체질은 아니라서요. 그럼 안녕히 가세요."

직진은 차문을 닫고 부리나케 골목 안으로 달려갔다.

수성은 이제 막 어둠이 깔리는 도로를 달리며 아버지에 대한 연민에 잠겼다. 철없는 어린 동생을 보고 나니 생각했던 것보다 아버지의 삶이 순탄치 않았으리라는 생각에 휩싸였다. 하지만 이 모든 일은 아버지 자신의 선택이었다. 아버지뿐만 아니라 가족 모두 고통스런 시간을 보내야 했다. 아버지의 잘못된 선택이 가족들 그리고 자신마저 모두 지울 수 없는 상처의 세월 속으로 떨어뜨릴 줄은 몰랐을 것이다. 세월이 흘러 후회한들 소용없는 일이었다.

수성의 인생에서 떠나보낸 사람들이 하나둘 스쳐갔다. 할머니, 어머니, 첫 번째 아내 그리고 아버지. 아버지의 칠십 평생이 파노라마처럼 그려지면서 노년에 불행으로 점철된 삶을 살았다는 생각을 지울 수 없었다. 수성은 죽음에도 분명히 다른 격이 있다고 느꼈다. 언제 어디서 어떻게 죽든 죽음은 인생을 마무리하는 마지막 관문이었고 그곳에 이르기 전까지의 삶이 그의 뒷모습을 결정지었다. 어머니가 돌아가시기 전 남긴 일기장의 마지막 문구는 '감사하다'였다. 하지만 아무리 생각해도 아버지는 불행한 사람의 회한이 담긴 뒷모습으로만 기억될 듯 싶었다. 수성은 문득 자신의 뒷모습을 생각해보았다. 수성은 적어도 아버지처럼 후회하는 삶은 살지 않으리라 다짐했다. 가족들이 자신의 뒷모습을 보고 슬퍼할지언정 가엾게 여기지는 않기를 바라고 또 기도했다.

빚도 상속된다고?

김수성은 겨우 숨을 돌리고 책상 앞에 앉았다. 미국에 수출한 제품들이 조금씩 반응을 보이자 벌써 여기저기서 주문이 들어오기 시작했다. 수성은 이번 기회에 좀더 공장을 확장하는 방안을 생각 중이었다. 하지만 언제까지 호황이 이어질지 가늠하기 힘들었다. 더구나 중동 쪽의 석유 파동이 시작되어 예상보다 수익이 많지 않은 상황이었다. 수성은 직원들을 격려하기 위해서 아침부터 공장에 다녀왔다가 밀려 있는 결재를 하려고 막 책상에 앉은 참이었다.

"여기 사장 어디 있어?"

갑자기 복도에서 웅성거리는 소리가 들려왔다.

"사장 나오라고 해."

놀란 수성이 문을 열고 나가자 낯선 사람들이 몰려들었다.

"무슨 일로 오셨죠?"

"당신 아버지가 김대로 맞지?"

"네, 그렇습니다만 무슨 일이십니까?"

"아들이면 돈을 갚아야 할 거 아니야."

"네? 돈이라뇨?"

"시치미 떼지 말고. 아버지가 죽었으니 자식이라도 갚아야지."

"아버지가 돈을 빌렸단 말입니까?"

"여기서 이러지 말고 경찰서로 가자고. 말해봐야 입만 아프고. 아비처럼 몰래 도망갈 수 있으니 그냥 경찰서 가서 해결하자고."

몰려온 사람 중 하나가 핏대를 세우며 수성의 멱살을 잡았다.

밖에서 이를 지켜보던 직원들이 달려와 남자를 말리며 수성과 떼어놓았다. 수성은 갑자기 현기증이 났다. 갑자기 들이닥친 불청객들은 큰소리를 내며 수성을 다그쳤다.

"도대체 아버지가 빌린 돈이 얼맙니까?"

"여기 온 사람들 다 몇 천씩은 되고, 모두 합치면 5-6억은 되지?"

누군가 같이 온 일행을 보고는 물었다.

수성은 눈앞이 캄캄해졌다.

"빚도 상속된다는 거 모르나? 자네 아버지 죽었으니까 이제 자네가 갚아야지."

"회사가 이만한데 그 돈도 없겠어."

"아니 없다고 해도 회사를 팔아서라도 갚아야지."

"생떼 같은 우리 돈 떼먹고 잘 살 줄 알았냐. 천하에 나쁜 것들."

"돈 주기 전에는 한 발짝도 못 움직여."

어느 새 자리를 차지하고 앉은 사람들은 험한 욕설을 내뱉으며 수성을 노려보고 있었다.

일단은 저 사람들을 돌려보내고 나서 자초지종을 알아보고 해결책을 찾아야 했다. 수성은 사람들을 향해 말했다.

"어찌된 사정인지 모르지만 저는 전혀 몰랐던 일입니다."

"몰랐던 일이든 알았던 일이든 당신이 김대로 아들이라는 건 변하지 않는 사실이잖아."

수성의 말에 아랑곳없이 사람들은 신경질적으로 말했다.

"네, 그렇습니다. 저는 김대로 씨 아들입니다. 아버지가 어머니와 저희 가족을 집에서 쫓아내시고 그후 20년 동안 못 만나긴 했지만 제가 그분의 아들인 건 사실입니다. 저는 이 사실을 회피하거나 부정할 생각은 추호도 없습니다. 다만 너무 갑작스럽게 벌어진 일이라서. 만약 제가 이 일에 대한 책임을 져야 한다면 자세한 채무관계를 알아보고 어떤 식의 절차를 거쳐야 하는지를 상의해야 하지 않겠습니까? 지금 무작정 여기 계신다고 여러분이 원하는 대로 이 자리에서 돈을 바로 내드릴 수는 없습니다. 저에게 조금 시간을 주신다면 제가 방법을 찾아보겠습니다. 다시 한 번 부탁드립니다."

아들은 아버지의 죽음을 침착하게 참을 수 있지만 유산의 상실은 그를 절망시킬 것이다.
- 마키아벨리

꼼짝도 않던 사람들이 조금씩 동요하는 움직임을 보였다.

"우리가 자네를 어떻게 믿고 물러가나. 듣고 보니 자네도 아비 잘못 만나 어지간히 고생한 것 같긴 하네만 그렇다고 우리도 이대로 물러설 순 없지 않나."

"그래 어디 돈이 한두 푼이어야지."

"제가 아버지를 대신해서 진심으로 사과드리겠습니다."

수성은 고개를 숙여 진심으로 사과했다.

"제가 당장 회사 버리고 도망갈 것도 아니니 며칠만 시간을 주십시오. 저에게도 아버지의 재산 여부나 채무관계를 알아볼 시간을 주십시오. 이렇게 부탁드립니다."

수성의 간곡한 부탁에 사람들은 하나둘 자리에서 일어났다.

"그럼 오늘은 자네가 사정을 몰랐다 치고 이만 가겠네. 하지만 다음 주까지 연락이 없으면 다시 올 테니까 그렇게 알게."

"고맙습니다. 정말 고맙습니다. 연락처를 남기시면 제가 알아보고 다시 연락을 드리겠습니다."

사람들은 투덜거리며 한꺼번에 사무실을 빠져나갔다.

수성은 겨우 한숨을 돌리고 의자에 앉았다. 속이 터질 것처럼 답답한 지경이었지만 일단 상황을 알아봐야 했다. 수성은 수첩을 뒤져 직진의 집 전화번호를 찾아 걸었지만 연락이 닿지 않았다. 시간이 갈수록 수성의 마음은 더욱 초조해졌다. 일분일초가 아쉬웠다. 집에 없는 것이 분명했다. 수성은 해결책을 찾아 빨리 나서야 했다.

• • •

수성은 차를 타고 지난번 직진을 내려주었던 강남역 쪽으로 향했다. 하지만 직진이 내려서 들어간 골목 안에는 수많은 클럽들이 밀집해 있었다. 수성이 골목으로 들어서자 삐끼들이 우르르 달려와 명함을 건네고 서로 수성의 팔을 잡아끌었다. 수성은 다급한 마음에 자신에게 다가오는 사람마다 직진을 아느냐고 물어보았지만 모른다는 답변뿐이었다. 수성은 혹시라도 직진을 발견할까 싶어 전전긍긍하며 이 골목 저 골목을 찾아 헤맸다.

수성은 나이트클럽 안으로 들어갔다. 마음이 다급했다. 들어가서 직접 찾아보는 것이 밖에 서 있는 것보다 나았다. 세 번째로 들어간 지하 나이트클럽 안을 살펴보던 수성은 과일을 나르고 있는 직진을 마침내 발견했다.

"김직진."

누군가 이름을 부르는 소리에 깜짝 놀란 직진은 토끼 눈을 하고 수성을 쳐다보았다.

"어? 형님. 여긴 웬일이십니까? 놀러 오셨어요?"

"나가서 얘기 좀 하자."

자신의 팔을 잡아끄는 수성의 손을 뿌리치고 직진은 뒤로 물러났다.

"아, 왜 그러세요. 저 지금 일하고 있는 거 안 보이세요."

"급한 일이야. 물어볼 게 있으니까 조용한 데 가서 얘기 좀 하자."

"뭐 팁만 주신다면 따라 나서죠."

수성은 팁 운운하는 소리에 순간 멈칫했지만 어쨌든 지금은 직진과 이야기를 해야 했다.

"그래, 내가 줄게."

"뭐 여기 있으면 더 수입이 좋지만 형님이 이렇게 부탁하시니까, 알 겠습니다. 밖에서 잠깐만 기다리세요. 옷 갈아입고 나갈 테니까."

수성은 오색 불빛이 번쩍거리는 거리에서 직진을 기다렸다. 휘황찬 란한 밤거리와는 달리 수성의 마음은 걷잡을 수 없이 불길한 예감으로 가득했다.

조용한 곳으로 자리를 잡은 수성은 직진에게 오늘 아침에 벌어진 일 에 대해서 설명했다. 수성의 이야기를 들은 직진은 예상 외로 무덤덤한 반응을 보였다.

"아, 그거요? 신경 쓰지 않으셔도 돼요. 별일 아니에요. 그냥 도망 다 니면 돼요."

"그럼 계속 그렇게 살아왔단 말이냐?"

"2년 전에 아버지 사업 망하고 난 다음부터는 쭉 그래왔죠. 아이구,

그 여우 같은 영감들 어떻게 알고 거길 찾아갔지?"

직진은 대수롭지 않게 대답했다.

"이게 네 생각처럼 대수롭지 않은 문제가 아니야. 자세히는 몰라도 내가 알기로는 빚도 아마 상속이 되는 걸로 알고 있어. 그러니까 아버지의 빚이 고스란히 우리한테 상속이 될 거라는 말이야. 아버지의 빚에 대해 더 아는 거 있으면 어서 말해봐."

"그 사람들 다 아버지 사업에 투자했던 사람들이에요. 그거 말고도 캐피탈에서 매달 날아오는 청구서가 있는데 캐피탈 대출도 몇 억 받으신 것 같은데, 이자가 많이 불어났을 걸요. 저도 자세히는 몰라요. 아예 모르는 척 사는 게 편하니까. 신경도 안 써요."

수성은 연거푸 물만 마셨다.

"도망 다닌다고 해결되는 문제가 아니야. 넌 나이도 젊은데 평생을 그렇게 도망 다니며 살겠단 소리냐?"

"해결방법이 없잖아요. 해결방법이. 그럼 나더러 어쩌라구요."

직진은 오히려 수성에게 화를 냈다.

"분명 해결방법이 있을 거다."

"형님은 사장님이면 돈도 많으실 텐데 좀 갚아주시면 안 돼요? 어차피 형님하고 제가 갚아야 한다면 빌려주시는 셈 치고 다 갚아주세요. 제가 잊지 않고 나중에 성공하면 배로 갚을 게요. 제가 이래 봬도 한 인물 하잖아요. 춤도 잘 추고 곧 이쪽에서는 알아주는 디제이가 될 생각이거든요. 그러니까 형님이 지금 좀 도와주시면 제가 나중에 잊지 않고 배로 쳐 드릴게요. 차용증이라도 써 드릴까요?"

직진의 철없는 말에 수성은 더 답답해졌다.

"일단은 내가 방법을 알아볼 테니까 넌 내 전화 잘 받아라. 당분간은 쓸데없는 외출도 하지 말고 몸조심해. 지금 빚쟁이들이 돈 못 받을까 봐 혈안이 되어 있는 상태야. 한 번 잡히면 안 놔줄 것 같더라. 내가 오늘 겨우 돌려보냈으니까 너도 조심 좀 하고. 내가 어떻게든 법적인 문제와 해결방법을 알아볼 테니까. 그렇게 알고 기다려라. 나도 지금은 여유가 없구나. 이제 막 사업이 다시 좀 되려고 하는데 아버지 빚 때문에 여기서 무너질 순 없다."

"어쩌려고요?"

직진은 그런 수성을 측은한 눈빛으로 쳐다보며 말했다.

"하늘이 무너져도 솟아날 구멍이 생긴다는 말이 틀린 말 아니다. 내가 살아보니 그렇더라. 죽을힘을 다해 살려고 발버둥 치니까 되더라. 그러니 너도 벌써부터 포기하지 말고 잘 견디고 노력하면 언젠가는 좋은 날이 올 테니 내 말 명심해라."

직진은 대답 대신 심드렁한 표정을 지어 보였다.

수성도 말은 그렇게 했지만 그만한 자신감이 생기지는 않았다. 또 다시 20년 전처럼 법 앞에서 법의 명령을 따라야 했다. 법의 잣대를 들이대면 자신이 쌓아올렸던 탑이 한순간에 남의 것이 될 수도 있었다. 하지만 지금은 아버지에게 쫓겨나야만 했던 20년 전과는 달랐다. 제대로 싸워보지도 못하고 모든 것을 빼앗겨야만 했던 그때와는 달랐다. 수성 스스로 지켜내야 했다. 회사와 가족들의 삶을 온전히 지켜내야 했다.

직진과 헤어지고 늦은 밤 집으로 돌아오던 수성은 갖가지 의문에 시달렸다. 수성은 할머니가 돌아가시고, 또 아버지가 돌아가시고 난 후에도 남겨진 가족들의 삶이 커다란 소용돌이에 휩싸였다는 사실을 떠올렸다. 이 커다란 소용돌이 속으로 빨려 들어가고 싶지 않았다. 하지만 할머니가 돌아가셨을 때처럼 이번에도 운이 따라줄지 도무지 알 수 없는 일이었다.

'우리가 꺼낼 수 있는 카드가 있을까?'

수성은 아버지가 남긴 빚 문제뿐만 아니라 자꾸만 이런 일에 말려드는 자신의 상황이 마치 발을 디딜수록 푹푹 빠지는 수렁 속으로 걸어 들어가고 있는 것 같아 두려웠다.

선택의 문제,
포기하거나 받아들이거나

다음날 아침 일찍 수성은 주인성의 사무실로 향했다. 인성은 업계에서 꽤 알아주는 변호사가 되어 눈코 뜰 새 없이 바쁜 나날을 보내고 있었다. 인성은 늘 수성의 가장 가까운 친구이자 조력자가 되어 주었다. 수성이 회사를 그만두고 나올 때도, 사업을 시작해서 형편이 어려울 때도 늘 곁에서 아낌없이 조언을 해준 친구였다.

"김 사장! 웬일이야? 아침부터 온다고 전화해서 깜짝 놀랐잖아. 무슨 일 있는 거야?"

주인성은 아침부터 찾아온 수성의 안색을 살피며 커피를 권했다.

"주 변호사! 나 큰일 났다."

"왜 그래? 무슨 일인데 그래?"

수성은 수심이 가득한 얼굴로 주인성에게 그동안 있었던 일을 털어놓았다. 이야기를 다 들은 주인성 역시 기가 막혔다.

"야 너희 아버지 정말 대단하시다. 어떻게 돌아가시면서까지 자식들한테 그런 빚을 떠안기고 가시냐?"

"남아 있는 사람이야 어떻게든 길이 있겠지만, 아버지가 죽어서도 편히 눈 못 감으셨을까 봐 그게 걱정이다."

"그래, 이미 가신 분은 편하게 가셔야지. 또 살아있는 사람은 살길을 찾아야 되고."

주인성은 친구 수성의 마음을 헤아리는 것이 우선이었다.

"방법이 있겠지? 만일의 경우를 대비해서 보험도 많이 들어놓고 마음속으로 늘 단단히 준비해왔어. 하지만 이런 일이 생길 줄은 꿈에도 생각 못했어. 빚을 상속받게 되다니. 맙소사. 어떻게 예상이나 했겠어. 20년 동안 연락도 없던 아버지가 갑자기 나타나서 마음속으로는 이미 용서했는데 돌아가시고 나니까 빚이 상속되다니. 그것도 한두 푼도 아니고 몇 십 억이나 하는 돈을 말이야. 이제 막 사업이 풀리려는 이 시점에 이런 일이 생기다니. 난 이제 어떡해야 하는 거냐. 정말 모르겠다."

"김 사장, 반드시 상속을 받아야만 되는 것은 아니야. 자네가 아무 행동을 취하지 않는다면 자네 말대로 빚더미를 상속받게 될 테지만 상속권을 포기한다면 상속의 의무도 자연히 없어지는 거야."

주인성은 친구 수성의 걱정이 큰 문제가 아니라며 말을 이어나갔다.

"20년 전에는 법이 너희 가족에게 가혹했지만 이번에는 그 법으로 아버지의 빚 상속에서 해방될 수 있다고. 그러니까 내 얘기 차근차근 잘 듣고 빈틈없이 실행에 옮기면 아무 문제없이 해결될 거야."

"정말? 방법이 있단 얘기지? 어서 얘기해봐."

수성은 반색을 하며 인성을 재촉했다.

"김 사장도 잘 알겠지만 일단, '상속을 받는다'라는 의미는 '재산만이 아니라 빚까지도 받는다'는 말이야. 그래서 상속을 받을 때는 재산만 파악해서는 안 되고 채무관계까지 모두 파악해야 후회 없는 상속을 마무리 지을 수 있어. 사람들이 법을 잘 몰라서 자칫 잘못하다가는 큰 낭패를 볼 수 있는 것이 바로 이 빚에 대한 상속인데, 간단한 법률상식만 있어도 김 사장과 같은 빚 상속의 문제는 쉽게 해결할 수 있지."

"간단한 법률상식? 도대체 그게 뭔데?"

김수성은 사막에서 오아시스를 발견한 듯 눈을 반짝거리며 주인성의 말에 귀를 기울였다.

"상속에는 세 가지 종류가 있어. 첫 번째는 단순승인, 두 번째가 한정승인, 세 번째는 상속포기라는 거야. 단순승인은 말 그대로 돌아가신 분 즉, 피상속인의 모든 권리와 의무를 모두 이어받는 거야. 통상적으로 우리가 알고 있는 것처럼 적극적 재산과 채무를 모두 물려받는 것, 이것이 단순승인이지. 보통 빚이 없고 단순히 유산을 물려받는 경우에 취하는 형태야. 그리고 한정승인은 받은 유산으로 상속된 빚을 갚는 거야.

유산이 많으면 빚을 갚고 남는 돈을 갖는 거고 빚이 더 많으면 받은 유산만큼만 빚을 갚고 끝내는 거지. 마지막으로 상속포기의 방법이 있는데……. 자네처럼 빚이 더 많은 경우에 보통 취하는 형태지. 받을 재산도 포기하고 빚도 포기하고 완전히 상속에서 물러나는 거야. 아버지의 유산과 채무에서 모두 벗어나는 거지. 말 그대로 상속을 포기한다는 의미야. 무슨 말인지 알겠지?"

"그럼 세 가지 종류의 상속 방법 중 하나를 선택할 수 있다는 말이야? 그럼, 난 상속포기를 하면 되는 건가?"

"그렇지. 김 사장처럼 빚만 잔뜩 상속받은 사람들을 위해서 있는 법적인 제도가 상속포기니까 자네는 상속포기 신고를 하면 되는 거야."

"아, 그렇구나."

"하지만 몇 가지 더 알아두어야 할 게 있어. 상속이 개시된 사실을 상속인이 안 날로부터 3개월 안에 신고하지 않으면 일반적으로 단순승인으로 처리가 돼. 그러니까 한정승인이나 상속포기를 해야 할 경우에는 꼭 3개월 안에 법원에 신고해야 해. 지금 아버지 돌아가시고 얼마나 지났지?"

"한 달쯤 됐어."

"그럼 두 달 정도 남았구나. 다행히 아직 시간은 여유가 있네."

"그럼 지금이라도 가서 상속포기 신고만 하면 되는 거지?"

"또 여기서 중요한 건 너 혼자 가서 상속포기 신고를 한다고 해서 해결되는 게 아냐. 재산상속을 받을 때와 똑같다고 보면 돼. 재산을 상속받을 때도 배우자와 직계비속 중 최근친인 자녀에게 먼저 1차적인 상속권이 부여되고 1차 상속인이 없을 때는 직계존속인 부모에게 2차 상속권이 돌아가는 것처럼 이 상속포기에서도 이런 식으로 4순위까지 넘어가게 돼. 3순위는 아버지의 형제자매, 그리고 4순위는 방계혈족인 사촌 이내의 모든 사람들에게도 상속권이 부여되는 거야. 그러니까 너만 상속포기를 해서는 안 되고 너와 동생 정희, 그리고 아이들. 집안 어른들께 모두 알리고 사촌 이내의 모든 사람들이 함께 상속포기를 해야 하는 거지."

수성은 이 엄청난 사실에 놀라 눈이 휘둥그레졌다.

"지금 자네 설명대로라면 어느 날 갑자기 친척들의 빚을 떠안을 수도 있다는 말이네."

"그렇지. 한정승인의 경우에는 1순위 상속인이 한정승인 신고를 하면 상속재산으로 채무를 해결하면 되니까 더 이상 2순위, 3순위, 4순위 상속인들은 이 상속 문제와 무관해지지만 상속포기의 경우에는 아무리 1순위 상속인이 상속포기를 했다 하더라도 2순위, 3순위, 4순위 상속인들이 자신이 상속인이 될 것으로 알고 빚이 상속될 것을 알면서도 아무런 조치를 취하지 않는다면 거액의 빚을 떠안는 경우도 있다는 말이야. 굉장히 무서운 거지. 할 수만 있다면 차라리 한정승인을 하는 게 나을 것 같은데 아버지는 정말로 재산이 아예 없으신 거야?"

“아마 없으실 거야. 반지하 셋방도 직진이 앞으로 되어 있고. 아, 지난번에 나를 찾아오셨을 때 토지보상금을 받아서 오셨던 거 같은데…….아버지 재산에 대해서는 잘 모르겠다.”

“아버지 재산상황을 잘 파악하기 힘들고 빚이 더 많은 것이 분명하면 어쩔 수 없이 상속포기로 가야 할 것 같은데…….”

“우리 가족들은 상속포기 신고가 쉽겠지만 고모네는 연락을 끊고 산 지가 워낙 오래되어서 찾아보는데 시간이 좀 걸릴 수도 있고, 또 아버지의 사촌들 역시 소식이 끊긴 지가 오래돼서 모두 어떻게 찾아야 할지 막막하다. 할머니가 돌아가시고 난 후에 아버지도 오래 집을 비우셨으니까 우리도 거의 왕래가 없었거든. 이것도 만만찮은 일인데.”

연락을 끊고 살아온 친척들을 찾아가는 것도 쉽지 않겠다는 생각에 수성은 걱정이 앞섰다. 하지만 그래도 해야 할 일이라고 다짐했다.

걱정하는 얼굴이 역력한 수성을 보고 주인성은 급히 안심시켰다.

“아니, 그렇다고 네가 일일이 친척 어른들을 찾아다닐 것까지는 없어. 일단 너와 동생 정희, 그리고 이복동생. 또 아이들까지 우선 상속포기신고를 기한 내에 해둬. 그리고 다음 순위로 상속받는 법정상속인들은 상속재산 중에 빚이 더 많다는 사실을 몰라서 단순승인이 되었다 하더라도 중대한 과실 없이 빚이 상속재산보다 더 많다는 사실을 모른 경우에는 그 사실을 안 날로부터 3개월 이내에 신고할 수 있는 법적인 배려가 있으니까 너무 걱정하지 않아도 돼.”

주인성의 말을 듣고 나서야 수성은 한숨을 돌렸다. 하지만 친척들은 몰라도 고모 얼굴이 떠올랐다. 아버지를 원망했던 것만큼 고모에 대한 원망도 컸지만 아버지도 돌아가시고 나니 그런 원망도 사라졌다. 아버지 소식도 전해드리면 좋겠고 고모가 어떻게 사시는지 궁금해졌다.

"일단 모두 함께 법원에 가서 상속포기 신고서를 써서 제출해. 한 사람도 빠짐없이. 그것만 확실하게 되면 김 사장이 아버지의 빚을 갚을 필요가 없어. 우리 민법은 모든 개개인을 원칙적으로 권리의무의 독립된 주체로 보기 때문에 아버지의 빚은 아버지가 해결할 것이지, 아들인 김 사장이 물려받을 필요가 전혀 없다고. 상속의 여부를 자식의 선택에 맡기고 있거든. 절차만 거치면 아버지의 빚에서 자유로워지는 거야."

"법이 이번에는 약자의 편을 들어주는구나."

"이제야 김 사장이 법의 진가를 깨달았네. 하하하."

"응, 갑자기 법이 굉장히 고맙게 느껴지는데."

"이제 얼굴에 화색이 돌기 시작하네. 야, 김 사장 사무실 들어올 때 표정을 사진 찍어 놨어야 했는데, 완전히 굳어 가지고 그대로 초상 치르나 했다."

"내가 그 정도였나?"

손으로 얼굴을 문지르던 수성은 마음이 조금은 편안해졌다.

"이대로 정말 회사 문 닫고 식구들과 길거리로 쫓겨날까 봐 얼마나 불안했는지 몰라. 다시 20년 전의 악몽이 재현될까 봐 정말 조마조마

했다고. 열심히 살아왔는데 이번에 또 주저앉으면 다시는 일어서기 힘들 거라는 불길한 예감만 들더라고."

"이젠 걱정 마. 상속포기만 하면 문제없을 거야. 이번에 미국 수출도 잘 됐다면서. 사업도 나날이 번창하고 있으니 이제 옛날 일은 훌훌 털고 잊어버려."

"주 변호사! 정말 고맙다."

"고맙긴 뭘, 말로만 고맙다고 하지 말고 상담료 따로 내야 된다."

"좋아, 삼겹살이면 되지? 허허."

"마음 같아서는 오늘 저녁에 당장 상담료를 받고 싶지만 네가 지금 정신없고 어수선할 테니, 이 일 잘 해결되면 바로 한턱 내는 거다, 알았지?"

"그럼. 내가 이 일만 마무리되면 거하게 낼 테니 기대하고 있어라."

수성의 답답했던 마음은 싹 가셨다. 아버지는 없었지만 늘 믿음직한 친구와 도움을 주는 사람들이 옆에 있었다. 수성이 사람에 대한 믿음을 잃지 않을 수 있었던 것도 모두 그들 덕분이었다.

무지로 인해 떠안은 고통

수성의 이마에는 땀이 맺혀 있었다. 언덕배기를 20분 이상 오르던 그는 잠시 걸음을 멈추고 계단에 앉았다. 벌써 세 번째 찾아가는 고모의 집이었다. 할머니 돌아가시고 가족에게 모질게 대했던 고모였지만 아버지 소식도 전해드려야 할 것 같고 또 지난 세월이 무색하게 느껴져 고모를 찾는 중이었다.

고모가 살아온 흔적을 따라가고 있는 셈이었다. 고모부가 퇴직하고 난 이후에 갑자기 이사가 잦아졌다. 고모부가 다니던 회사에서 알아낸 주소로 찾아갔다가 다시 물어물어 이 동네까지 오게 되었다. 고모부 회사를 찾아간 수성에게 고모부가 사업을 하다가 망했다는 소문이 있다고 살짝 귀띔해주는 사람도 있었다. 행적을 쫓을수록 자꾸만 변두리로 밀려나간 이사의 흔적에서 수성은 고모의 삶도 순탄치는 않았으리라 짐작할 수 있었다.

산동네는 철거민 이주정책으로 대낮에도 조용했다. 곳곳에 붉은 글씨의 구호들이 담벼락에 적혀 있었다. 수성은 물어물어 메모지에 적힌 주소를 찾았다. 다 쓰러져가는 집은 텅 비어 있었다. 또 헛걸음을 한 수성은 한참 마당에 서 있었다.

"거기 누구요?"

할머니 한 분이 낯선 수성을 보고 대문을 열고 들어왔다.

"아, 저기 사람을 좀 찾으려고 하는데요. 여기 사는 사람요."

"그 집 아무도 안 살아요."

"여기 살던 사람인데 윤명수 씨라고 혹시 모르세요?"

"윤명수? 윤……. 아, 윤 씨. 이사 간 지 한참 됐어. 한 2년 정도 된 것 같은데……."

"어디로 이사 갔는지 모르세요?"

"몰라. 한밤중에 갔어. 하도 빚쟁이들이 찾아와서. 여기도 몇 달 안 살았어."

수성은 역시나 하는 마음에 힘없이 마루에 걸터앉았다.

"여기 동네가 어수선해서 낯선 사람들 들어오면 이상하게 생각해요. 그러니까 여기 있지 말고 어여 내려가요."

"네, 알겠습니다. 잠시만 쉬었다 갈게요. 고맙습니다."

할머니는 경계의 눈초리로 수성을 잠시 보더니 대문을 닫고 나갔다.

수성은 이제 더 이상 고모를 찾아볼 데가 없음을 알았다. 쫓기는 신세가 되어 이리저리 이사를 다닐 노년의 고모를 생각하니 마음이 좋지 않았다. 고모와 그 가족들을 생각하며 수성은 터벅터벅 산동네를 내려왔다.

• • •

수성의 가족들은 법원 앞에 모였다. 상속포기를 위해서는 우선 1순위 법정상속인에 해당하는 최근친 직계비속인 수성과 정희, 직진 그리고 다음 근친인 수성의 자녀들과 정희의 아이들, 즉 피상속인의 손자들이 상속포기를 해야 했다. 상속이 개시된 사실을 안 날부터 3개월 안에 상속포기를 마치면 모든 절차가 끝나는 것이었다. 수성과 가족들은 직진을 기다리고 있었다.

"벌써 1시간이나 지났잖아. 오빠 약속시간 제대로 얘기한 거유?"

시간이 자꾸 지체되자 정희가 물었다.

"밤늦게까지 일하다 보니 아침에 좀 늦게 일어나나 보더라고."

"그래도 오늘 같은 날 늦으면 안 되지."

정희는 못마땅한 목소리로 말했다.

"그러게……. 주 변호사 미안해. 기다리게 해서."

"아니야, 곧 오겠지."

서류작성을 도와주러 온 주인성도 함께 기다리고 있었다. 그때 저 멀리서 오토바이 한 대가 달려왔다. 언뜻 보기에도 꽤 고급스럽고 제법 값 나가 보이는 오토바이였다. 오토바이에서 내린 것은 직진이었다. 직진은 한껏 여유를 부리면서 가족들 앞으로 다가왔다. 정희는 그런 직진에게 눈총을 주며 먼저 건물 안으로 들어가버렸다.

서류를 작성하며 주인성은 직진에게 아버지가 돌아가신 시점의 재정 상태가 어떠했는지 또 다른 특이사항은 없었는지 여러 가지를 물어보았다.

"아버님이 돌아가시기 6개월 전에 토지보상금을 5천만 원 받았다 이 말이죠."

주인성은 심각한 표정으로 직진에게 되물었다.

"네. 아버진 보상금으로 받은 돈 일부를 형님에게 갖다 주려다가 형님이 받지 않는다고 하니까 통장에 넣어두셨는데, 그만 돌아가셨죠."

직진은 퉁명스럽게 주인성에게 말했다.

"그럼 통장에는 5천만 원이 그대로 있겠군요."

"아니……. 아버지가 돌아가시고 빚쟁이들이 몰려올 것 같아서 돈은 바로 뺐어요. 여기저기 돈 들어갈 일도 있고 해서."

직진은 말을 얼버무리며 시선을 돌렸다.

주인성은 예상치 못했던 대답에 당황하여 직진을 쳐다보았다.

"아니, 그 큰돈을 어디에 쓴 거야?"

옆에서 두 사람의 대화를 듣고 있던 수성도 놀라서 쳐다보자 직진은 멀뚱멀뚱 딴전만 피웠다.

정희는 직진의 대답에 기가 막혀 물었다.

"그럼 설마 저 오토바이를?"

"빚쟁이들한테 아버지 돈을 뺏길 순 없잖아요. 일단 돈은 지켜야 하니까……. 오토바이는……."

사람들이 다그치는 소리에 직진의 목소리는 점점 기어들어갔다.

이 상황을 지켜보고 있던 주인성은 수성과 가족들에게 법적인 문제에 대한 설명이 필요하다고 생각했다.

"상속이 개시된 이후에 피상속인의 예금 등 상속재산을 부정소비하면 그 사용자는 법적으로 단순승인을 한 것으로 인정합니다. 문제는 단순승인으로 인정되면 상속포기가 불가능하다는 데 있어요. 물론 소액의 장례비용으로 소비한 정도는 문제 삼지 않지만 액수가 이 정도의 액수라면 장례비용이라고 볼 수는 없을 것 같은데. 김 사장, 지금 직진 씨의 경우에는 상속포기를 한다고 하더라도 나중에 상속재산을 은닉하거나 부정소비한 사실이 밝혀진다면 법적 단순승인으로 인정되어 나중에 불이익을 당할 수도 있어."

주인성의 설명을 듣고 있던 직진의 얼굴은 이미 일그러질 대로 일그러져 있었다.

"전, 정말 이렇게 될 줄은 꿈에도 몰랐어요. 아버지 돌아가시고 나서 채권자에게 뺏길까 봐 돈을 급하게 쓴 것뿐이라구요."

직진은 고개를 푹 숙이고 말을 잇지 못했다.

수성도 기가 막히고 놀라 말문이 막혔다.

직진은 뒤늦게야 사태파악을 하고는 불안한 눈빛으로 수성에게 다가와 울먹였다.

"형님, 저 좀 살려주세요. 이제 전 어떻게 합니까?"

수성도 주인성의 설명대로라면 어떻게 해 볼 도리가 없었다. 그저 지금 벌어진 상황이 안타까웠다.

든든한 주춧돌, 가족의 공동재산

상속포기 신고서를 낸 다음 수성은 직진과 가족들을 한 명 한 명씩 둘러봤다. 상속포기 신고서를 적으면서 수성은 문득 아버지 한 사람을 통해 세상에 많은 사람이 왔다는 생각을 하게 되었다. 상속을 포기하는 과정에서 자신과 정희, 직진뿐만 아니라 세 아이들과 동생 정희의 아이들까지 가족이라는 울타리로 연결되어 있다는 사실이 새삼 다가왔다. 인생이란 것이 아무것도 없이 세상에 와서 빈손으로 돌아가야 하지만 정작 제일 중요한 그 사람의 가치는 남겨진 가족에게 그 삶이 반영되고 이어진다고 생각했다.

'사람은 죽어서 그 이름을 남긴다고 하는데, 아버지는 나와 가족에게 과연 무엇을 남긴 걸까.'

수성은 이러한 생각에 깊이 잠겨 가족들을 묵묵히 바라봤다.

"자네 무슨 생각을 그리 골똘히 하고 있어?"

가방을 챙기던 주인성이 수성의 어깨를 흔들었다.

"여러 가지 생각에 만감이 교차하는 것 같아. 주 변호사는 우리 집 내력을 잘 아니까 내 심정이 어떨지 어느 정도 이해가 갈 거야. 직진이를 보니 정말 안타깝다. 아버지가 남긴 빚을 고스란히 떠안게 된다면 아직 창창한 나이에 사는 게 얼마나 힘들겠어? 빚을 상속받게 된다면 돌아가신 아버지에 대한 원망도 이만저만 아닐 텐데……."

"최근 들어 빚만 남기는 상속이 발생하는 경우가 점점 늘어나고 있어. 대출 받아 담보로 설정된 집을 상속받았는데 알고 보니 집의 담보 가치보다 훨씬 많은 사채를 받은 경우도 많고, 사업상 부채가 많은 상태에서 상속이 발생하였는데, 돈을 빌린 목적도 알 길이 없고 빚만 고스란히 받는 등 여러 가지 경우가 있지. 요즘처럼 각박한 시대에 자기 앞가림도 제대로 하기 어려운 자녀들이 부모가 남긴 빚까지 뒤치다꺼리하지 않으려고 하는 게 어찌 보면 당연한 일인지도 모르지."

"나는 여태껏 상속만 받으면 재산이 불어나서 가족들이 모두 행복해지는 건 줄만 알았는데 직접 경험해보니 꼭 그렇지만은 않다는 걸 알았네. 상속이란 게 부모와 자식 모두 철저한 준비를 해야 한다는 생각이 들어."

수성은 무거운 짐을 덜어버린 기쁨보다는 두 번이나 상속을 경험하고 나자 몸속에서 뭔가 빠져나간 느낌이었다. 그런 수성의 마음을 다

안다는 듯 주인성은 말없이 어깨를 두드려 주었다.

　가족들을 먼저 집으로 보내고 나서 수성과 인성은 근처 다방으로 들어갔다.

　일을 다 처리한 수성은 인생의 무상함마저 들었다.

　"오늘 상속포기 신고서를 제출하면서 많은 생각이 들었어. 아버지도 인생에서 최고의 순간이 있었을 텐데, 그 최고의 순간에 가족과 함께하지 못했기에 인생의 끝자락에 아무것도 남길 것이 없었던 건 아닐까. 고작 빚만 남기고 돌아가신 아버지의 삶도 생각할수록 참 씁쓸하다."

　"가끔 상속 문제로 상담하다 보면 돌아가신 분의 인생굴곡과 성품이 그림처럼 선명하게 떠오를 때가 있어. 각각의 인생 모두가 사연이 있고 이유가 있는 인생이라고 할까. 어떤 분은 무형의 정신적 가치를 상속재산이라는 그릇에 정성스럽게 담아 자녀들에게 남기고, 또 어떤 분은 아무 의미와 원칙이 없는 물질만을 남기는 경우도 본다네. 최악의 경우에는 정신적인 고통과 빚까지 고스란히 남기는 경우도 있고. 그런데 눈에 보이는 재산을 남겨주는 것도 중요하지만 자녀에게 정신적 가치를 함께 담아 피땀으로 모은 재산을 이전해주는 것이 훨씬 중요한 것 같아. 그래야 자녀들도 상속재산의 가치와 그 의미를 제대로 알고 삶의 기반을 잡을 수 있는 주춧돌로 쓸 수 있겠지."

　김수성과 주인성은 둘 다 고개를 끄덕였다.

"그런 면에서 자네 아버님이 정말 존경스럽네. 3년 전 아버님이 돌아가시면서 남긴 유언장이 아직도 잊혀지지 않아. '삶이 어려울 때 누군가를 필요로 하는 사람에서 가족의 필요를 채워주는 누군가가 되어야 한다'는 그 말씀이 오늘따라 더 큰 울림으로 다가오네."

인성은 아버지를 생각하니 가슴이 먹먹해졌다.

"내가 어린 시절에도 그랬고, 한창 피가 끓을 나이에도 늘 아버지는 큰 버팀목이셨어."

김수성은 부러운 눈빛으로 인성의 이야기를 들었다.

"아버지는 고시에서 번번이 고배를 마시는 나를 늘 격려해주셨지. 서른셋에 마지막이라고 생각하며 치렀던 고시에 또 떨어진 나를 고향으로 불렀을 때에는 정말 아버지의 진한 사랑이 느껴지더라고."

"무슨 일이었는데?"

"너도 알겠지만, 그때에는 모두가 이구동성으로 이제 그만하고 새로운 길을 알아보라고 할 때였어. 여동생들이 줄줄이 결혼을 앞두고 있는 터라 부모님께 마냥 손을 벌릴 수도 없었고, 그때 당시 말은 못했지만 많이 힘들었어. 참담한 심정으로 집에 내려갔더니 아버지가 통장 하나를 주시더라고."

"통장? 예금통장 말이야?"

"그래, 예금통장, 그 예금통장엔 3천만 원이 들어 있었어. 통장을 주시면서 그러시더라. '인성이 네 몫으로 주려고 매달 적금을 부어놓았다.

이 돈은 내 돈 아니고 네 돈이다. 이제부터 네가 관리하면 돼. 사내 녀석이 그깟 일로 좌절하지 말고. 뜻을 세웠으면 다시 도전해야지.' 그때 아버지 말씀이 얼마나 힘이 되었는지 몰라. 아버지 품에서 그동안 못 울었던 것까지 실컷 울었어. 그때 아버지가 주신 돈이야말로 정말 의미 있는 돈이지, 안 그래?"

"그 돈은 3천만 원이 아니라 자네 현재 수입을 생각하면 몇 십억의 가치가 있는 돈이군. 참, 부럽네. 나도 아버님처럼 우리 가족들에게 무언가를 남겨주고 싶어. 힘들어 주저앉고 싶을 때 따뜻한 손이 되어 끌어줄 수 있는 무언가를. 살다 보면 한 번쯤은 고비를 겪게 되니 그럴 때 안아주는 든든한 아버지가 있다면 얼마나 힘과 용기가 되겠나. 이제까지는 그런 것 생각 못하고 돈을 벌었지만, 이젠 내 가족들에게 힘이 되는 아버지로서의 역할을 다하고 싶어. 하지만 아직 어떻게 해야 할지 막막하기만 해. 주 변호사는 아버님께 좋은 가장 역할을 보고 자라지 않았나? 혹시 좋은 방법이 있다면 나한테도 한 수 가르쳐주게."

인성은 씩 웃으며 비결을 풀어놓기 시작했다.

"이건 최근에 상속금융 전문가에게 한 수 지도받은 건데. 나중에 죽는 시점에 무언가를 물려주려고 하기보다는 젊은 시절부터 그 일을 하는 모습을 자녀에게 보여주며 가족재산의 의미를 되새겨주는 것이 중요해. 다시 말하면 돈을 벌 때마다 그 수입의 의미를 다시 한 번 생각해보라는 거야. 그 돈은 모두 내 것이 아니라는 거지."

주인성의 말을 듣던 수성은 가족재산이라는 말이 생소했다.

"가족재산이라고?"

"그래. 가장인 자네가 돈을 벌어오지만 그 돈 중 일부는 가족 한 명한 명을 위한 돈이라는 거야. 그렇게 생각하면 가족들을 위해 쓰는 것이 당연한 거지. 우리 아버지처럼 가족들을 위해서 수입의 일부를 저축해서 그 몫을 자녀가 성장했을 때 주는 것도 괜찮은 방법이야. 어찌 보면 우리가 자녀들 결혼할 때 집 한 채 또는 전세금이라도 마련해주려는 마음을 미리 계획성 있게 준비하자는 것이기도 하고. 내가 만난 상속금융 전문가는 우리 아버지처럼 자녀 한 명당 수입의 5퍼센트 정도를 자녀의 교육과 결혼 등을 위해 저축하는 법을 알려 주더라고. 결국 수입부터 목적별로 관리한다면 상속재산도 목적대로 나누어질 수 있을 테니 좋은 관리방법이 될 거라고."

수성은 손뼉을 탁 치며 입가에 미소를 띠었다.

"아. 그거 좋은 방법이군. 서진이와 수진이, 우진이를 위한 통장을 만들어서 미리 가족재산을 윤택하게 준비하면 좋을 것 같아. 우리도 이제 나이가 마흔다섯인데 속도보다 방향을 중요하게 여길 때인 것 같아. 가족들과 함께 어떤 가치를 공유하고 또 자식들에게 어떻게 전달할지 고민해보는 시간이 필요할 것 같네."

"이런 말도 있지 않나? '돈다발보다 돈을 다루는 법을 유산으로 남겨라.' 재산을 물려주는 것도 중요하지만 그 재산을 받을 자녀들에게 부모가 남기고 싶은 가치를 함께 남겨주는 것이 훨씬 현명한 일이라는 말이지."

　인성과 수성은 대화를 하며 점점 표정이 밝아졌다. 수성은 아버지의 실패를 거울 삼아 반드시 가정의 행복을 지키겠다고 다짐했다. 오늘의 대화가 가족의 미래를 환하게 밝혀주리라 믿었다.

chapter 3

부모 마음 따로,
자식 마음 따로

한 집안의 가장이 혼자 돈을 벌고 있다 하여도
이는 결코 혼자만의 재산이 아니다.
배우자, 자녀들과 함께 지키고 불려야 하는 공동재산이다.
상속을 통해 자녀의 꿈을 키워줄 수 있는 밑거름 자산을 마련하고,
땀 흘려 모은 가족의 공동재산을 잘 가꾸고 잘 물려줄 수 있는 방법을 찾아보자.

가지 많은 나무 바람 잘 날 없다

자식들이 오기 전에 마당에 있는 나무 손질을 마치려는 김수성의 손길
이 바빠졌다. 겨우내 앙상하던 나뭇가지에는 꽃망울이 맺혀 있었다. 수
성은 겨울이 지나 봄이 올 즈음 유난히 어머니 생각이 더 간절했다. 그
런 그도 어느덧 환갑의 나이를 훌쩍 넘어 있었다. 서진이를 비롯해 수
진, 우진 삼남매는 별 탈 없이 잘 자라주었고 지금은 각자 새 보금자리
를 마련하였다. 그런 자식들을 보는 것만으로도 수성은 더 바랄 것이
없었다.

"장인어른, 생신 축하드립니다."
무성만이 큰 소리로 인사를 하며 들어섰다.
"그래, 고맙네. 어서 오게."

수성은 사위와 함께 집 안으로 들어갔다. 먼저 와 아내의 일손을 거들고 있는 며느리와 딸 수진의 웃음소리로 조용했던 집안은 활기가 넘쳤다.

"생신 축하합니다. 생신 축하합니다. 사랑하는 아버지 생신 축하합니다."

한자리에 모인 가족들이 수성의 생일을 축하하며 노래를 불렀다.

"아버지, 촛불 끄세요."

수성은 케이크 위에서 자신을 사르고 있는 촛불을 지그시 바라보며 가장으로 살아온 지난 세월을 돌아보았다. 초가 자신을 오롯이 불사르며 어둠을 밝히듯 지금껏 가족을 위해 살아온 보람은 바로 오늘 이 자리에 모인 사랑스런 가족이었다. 그는 행복한 마음을 가득 안고 촛불을 훅 불었다.

올해 환갑이 된 수성의 생일을 기념해서 자식들이 가족 여행을 가자고 했지만 경기도 좋지 않은 때라 수선 떨지 말고 조촐하게 집에서 식사나 하자고 아이들을 설득했다. 더구나 큰아들 서진이 곧 유학을 떠나야 해서 번잡스러운 여행보다는 가족들과 함께 차분히 이야기할 수 있는 시간을 갖고 싶었다.

"고맙다, 얘들아."

"아버지, 건강하게 오래 사세요."

수성은 아이들을 찬찬히 훑어보았다. 오랜만에 온 가족이 함께하는 자리라 감회가 새로웠다. 첫 번째 아내가 남기고 떠난 서진이와 지금의 아내가 낳은 수진과 우진, 삼남매에다 며느리와 사위까지 그야말로 대식구였다. 둘째 수진은 3년 전에 결혼했고 막내아들 우진은 1년 전에 결혼을 해서 분가해 나갔다. 큰아들 서진이 함께 살고 있었지만 다음 달이면 미국으로 유학을 떠날 예정이었다. 유학을 가고 나면 빈자리가 크겠지만, 그래도 수성은 서진의 결정을 지지해 주었다. 어려울 때일수록 자신을 더 단련한다면 기회가 왔을 때 움켜잡을 수 있다고 수성은 생각했다. 자신이 모아놓은 돈으로 유학을 가는 것이었지만 수성은 아버지로서 자신이 도와줄 수 있는 데까지는 도와주려고 마음먹고 있었다. 수성은 아이들의 앞으로 계획이 궁금했다.

"너희들 요즘 어떻게 지내는지 궁금한데, 얘기 좀 해봐라."

수성의 말이 떨어지기 무섭게 수진은 서진을 돌아보며 물었다.

"오빠, 은행은 언제까지 다니는 거야?"

"다음 주까지 마무리하기로 했어."

"형, 정말 대단하다. 유학도 유학이지만 그리 큰돈은 또 어떻게 모았어? 정말 존경스럽다."

"에이, 뭘. 나만 하는 것도 아니고. 다 하는 일인데……."

자식들의 이야기를 잠자코 듣고 있던 수성은 서진에게 당부의 말을 잊지 않았다.

"서진이는 이제 유학가면 여기 있을 때보다 고생도 많이 할 테니, 마음 단단히 먹어라."

"네 아버지. 제 걱정은 마세요. 이미 각오하고 있어요. 그런데 다른 건 몰라도 아버지, 어머니께 죄송해요. 다 늦게 유학을 가겠다고 해서. 제가 부모님 모시고 집안을 지켜야 되는데……. 공부 다 마칠 때까지만 기다려주세요. 공부 마치고 다시 자리 잡으면 장남 노릇 단단히 하겠습니다."

서진이 미안한 표정을 지어 보이며 말했다.

"쓸데없는 걱정 마라. 우리 아직 그 정도로 늙은이들 아니다. 너 유학가고 나면 우리야 놀러 다니고 할 텐데, 좋지 뭐. 안 그래, 여보?"

"그럼요. 아버지 말씀 잘 들었지? 당신, 약속 잘 지켜요. 호호호."

아내의 웃음소리에 기분이 좋아진 수성은 막내아들을 보고 물었다.

"우진이는 사업구상 중이라더니 어떻게 됐니?"

막내아들 우진은 매니지먼트 회사에서 모델을 하던 이소연과 결혼했다. 소연은 결혼하면서 모델 일은 그만뒀지만 그 분야에 관심이 많아서 연예인 매니지먼트 회사를 차릴 생각으로 인맥을 넓혀가는 중이었다.

"아버지, 이 사람이 아무래도 모델 일 경험이 있다 보니 그쪽 사람들을 많이 알잖아요. 그리고 저도 대학 아르바이트부터 시작하면 광고업계에서 일한 지 5년이 넘었고요. 사실 우리나라가 이제 아시아권에서는 가능성 최고예요. 앞으로 두고 보세요. 아이돌 그룹 하나만 대박 나면 이제 탄탄대로라고요. 아버지가 수십 년 고생하셔서 여기까지 오셨지만 저는 금방 보여드릴 수 있어요. 저만 믿으세요. 하하."

"네 아버님, 저희 자신 있어요. 연습생만 잘 키우면 금방이에요."

옆에 있던 소연도 남편을 거들며 말했다.

"아무리 그래도 무모하게 덤볐다가는 큰 코 다친다. 시작하기 전까지 만반의 준비를 해야 한다. 준비 없이 감만 믿고 덤벼서는 절대로 안 돼. 내가 누누이 얘기하지만, 어떤 사업에든 치밀한 준비가 필요해."

"네, 그럼요. 이 사업이 워낙 인맥이 중요해서 지금은 인맥을 넓히는 데 집중하고 있어요. 조금만 더 준비하면 시작할 수 있을 것 같아요. 그때까지 철저히 계획하여 시작할 테니, 너무 걱정 마세요."

수성은 막내아들 우진의 말을 들으면서도 마음 한구석은 왠지 불안했다. 수성이 잘 알지 못하는 영역이기도 했고 자신 있게 큰소리 치는 막내아들과 며느리가 아직 철없는 애들로 보여 마음이 놓이지 않았다. 하지만 수성은 아이들의 생각을 늘 존중했고 자신이 정말 원하는 일이라면 실패를 하더라도 시행착오를 거쳐 그 일에 성공하기를 바랐다. 부모가 할 수 있는 일이란 그 날개를 꺾지 않는 일이라고 믿어왔다.

"수진이는 별일 없고? 무 서방은 학교에 잘 다니고 있지? 요즘 선생님들도 갈수록 힘들다는데, 괜찮니?"

"이 사람이야 만날 그렇지, 뭐."

무성만은 수진을 흘깃거리더니 이내 실실 웃었다.

"장인어른, 학교 선생이 다 그렇죠, 뭐. 월급쟁이밖에 더 되겠어요."

"아빠, 솔직히 쥐꼬리만 한 공무원 월급 모아서 언제 집 사고 차 사고, 또 애는 어떻게 낳고 살지 모르겠어요."

남편의 말을 듣고 있던 수진은 볼멘소리를 했다.

수진은 결혼하면서 자리 잡을 때까지 아이는 낳지 않기로 무성만과 약속했다. 최정자는 그런 딸과 사위가 내심 걱정이었다. 아무리 먹고살기 힘들다지만 더 이상 늦춰지면 안 될 것 같았다.

"너희들 정말로 집 사기 전에는 애 낳지 않을 생각이야?"

"장모님, 전 낳자고 하는데 수진이가…….."

"아직은 안 돼, 엄마. 돈도 없는데 여기다 애까지 낳아봐. 집 사기 전까진 절대 안 돼요."

"이런 철딱서니 없는 것. 옛말에 제 밥숟가락은 다 차고 나온다고 했다. 뭐가 걱정이야."

최정자는 딸 수진을 보며 혀를 끌끌 찼다.

김수성도 딸 수진이를 생각하면 마음이 짠해왔다. 처음에 수진이 사위를 집으로 데리고 왔을 때 무성만은 이제 막 복학한 대학생이었다. 모아놓은 돈도 없고 시골에 계신 부모님의 도움도 받지 못하는 상황이었지만 사람은 착해 보였다. 딸은 성만의 진솔한 모습을 좋아했다. 성만은 임용고시에 합격하자마자 결혼을 허락해 달라며 찾아왔다. 부모로서 좀더 자리 잡고 하기를 바랐지만 두 사람이 워낙 완강하여 결국 결혼을 허락하였다. 결혼할 때 아파트 전세금을 조금 보태주었는데, 아직 집을 사려면 몇 년은 더 고생해야 할 터였다.

그때 수진이 뾰로통한 목소리로 말했다.

"아빠가 우리 결혼할 때 집 한 채 사주셨으면 이 고생 안 해도 되잖아요. 우진이 결혼할 때 아파트 사주시는 거 보고 저 솔직히 그때 말은 안 했지만, 정말 서운했어요."

갑작스러운 딸의 발언에 수성은 당황했다. 자신의 본심을 알아주지 못하는 자식들에 대한 서운함보다는 아들과 딸에 대한 자신의 태도가 공평하지 못했나 하는 생각이 들었다.

"그렇게 말렸는데 일찍 결혼하겠다고 하던 사람이 누군데 그래? 집 안 사줘도 된다고, 자기들 힘으로 알아서 살겠다고 결혼시켜 달라고 조르고 졸라서 마지못해 허락했더니 이제 와서 딴소리야?"

"아이, 엄마. 그건 그때고. 지금은 상황이 다르지."

"다르긴 뭐가 달라."

"아유, 장모님. 그때는 저희가 너무 어리고 뭘 몰랐죠. 허허."

무성만은 여전히 실실 웃으며 아내를 거들었다.

"사실 불공평하잖아요. 저한테 안 사주셨으면 우진이도 집을 안 사셔야죠."

시누이의 말을 잠자코 듣고 있던 며느리 소연이 나섰다.

"어머, 형님 무슨 말씀이세요? 그건 아니죠. 형님 안 사주셨다고 우리도 안 사주란 법 있나요?"

"누나. 그렇게 따지면 우리보다는 형한테 돈이 더 많이 들어가는 거라구. 형이야말로 앞으로 몇 년이나 공부할지, 또 어떻게 될지도 모르는 유학을 가는 거잖아. 집도 얻어야 하고 생활비도 만만찮게 들어갈 텐데 사실 돈이 얼마나 더 들어갈지 누가 알겠어? 공부를 마쳐도 거기서 자리 잡으려면 우리하고는 비교도 안 되게 돈이 많이 들어갈 걸."

우진이 말이 맞다는 표정으로 수진은 입을 앙 다물고 서진을 쳐다보았다.

서진은 멋쩍어 머리를 긁적이며 말했다.

"그 문제라면 너희들이 크게 걱정하지 않아도 될 것 같아. 아까도 말했지만 유학 가려고 모아놓은 돈이 좀 있어. 물론 나가 보면 상황이 어떻게 될지는 모르니까 너희들 말처럼 급한 상황이 닥치면 아버지께 도움을 청할 수도 있겠지. 하지만 지금 계획으로는 내가 모아둔 돈으로 어떻게든 해결하려 해."

서진의 말에 머쓱하고 미안해진 우진과 수진의 눈빛이 허둥지둥 갈피를 못 잡고 엇갈렸다.

자식들을 지켜보던 수성의 마음은 조금 전과는 달리 무거워졌다. 주변에서 부모 재산 때문에 남남이 되어버린 자식들이 있다는 이야기만 들었지, 내 자식들이 돈 문제로 말이 나올지는 생각하지 못했다. 혹시라도 나중에 자식들 사이에서 다툼이 일어나지나 않을까 걱정이 되었다.

아이들의 속마음을 알아챈 최정자가 입을 열었다.

"수진아, 그러면 너희들 이 참에 집 살 돈 모을 때까지 여기 들어와 사는 건 어떻겠니?"

최정자의 제안에 수진과 성만은 귀가 솔깃했다.

"여보, 어차피 서진이 유학 가고 나면 우리 둘이 적적해서 어떡해요. 수진이네라도 들어와 있으면 우리도 좋고 얘들도 좋죠. 식구도 얼마 없는데 가까이 두고 사는 게 좋겠어요."

수성 역시 아내의 말이 틀리지 않다고 생각했다.

"너희들 괜찮으면 그렇게 해라. 그리고 빨리 아이도 갖고."

수진은 아버지의 말이 떨어지기 무섭게 반색을 했다.

"정말? 아빠 정말이에요?"

"서진이가 나가고 나면 엄마도 외로울 테고 너희들 돈 모으기도 훨씬 수월해질 테고, 너희들이라도 들어와 있으면 사람 사는 것 같고 좋지. 엄마나 나나 빨리 손자도 보고 싶고."

"엄마, 아빠! 고마워요."

"장인어른, 장모님. 고맙습니다. 요즘 같은 시대에 처가살이를 흉으로 보는 사람들도 있지만, 저는 아무렇지도 않아요. 장인어른, 장모님은 뭐 부모 아닌가요? 앞으로 저희가 정말 잘 모시겠습니다."

무성만은 수진을 보며 싱글벙글 웃으며 말했다.

"잘 됐어요. 왜 진작 그 생각을 못했나 몰라요. 그러면 저도 걱정을 좀 덜 수 있겠어요."

　서진은 결혼도 하지 않은 채 공부를 하러 가는 것이 사실 마음에 걸렸다. 그런데 동생네가 집으로 들어와 산다니 마음이 한결 편안해졌다.

　수성은 마음속의 불안을 떨쳐버리고 싶었지만 굳은 마음이 좀처럼 풀리지 않았다. 오늘 가족들과 이야기를 나눠 보니 이제는 상속을 구체적으로 계획하고 준비해야겠다는 생각이 들었다. 아이들이 장성해서 가정을 이루고 나니 형제보다는 각자 가정의 이득을 무시할 수 없어 보였다. 지금부터라도 구체적으로 준비하지 않으면 재산을 둘러싸고 형제 간의 분쟁이 생기지 않으리라는 보장이 없었다. 수성은 근심 어린 눈으로 가족들을 바라보았다. 오후만 해도 따사로웠던 봄 햇살이 해가 지면서 매서운 바람으로 바뀌었다. 매서운 봄바람만큼 수성의 마음도 편치 않았다.

돈 걱정 자식 걱정을
해결해줄 자산설계

수성은 생일 날 있었던 일을 마음에 두고 있었다. 마침 다산은행의 고은준 팀장이 회사로 온다는 연락을 받고는 잘 되었다 싶었다. 수성은 젊어서 상속 때문에 고초를 겪은 기억이 있어서 본인의 상속만큼은 제대로 준비를 해야겠다는 생각을 늘 하고 있었다. 하지만 아직 구체적인 계획은 세우지 못하고 있는 실정이었다. 김수성은 나이가 들어감에 따라 인생가치의 우선순위가 변하는 것을 느낄 수 있었다. 이제는 누구에게, 언제, 어떻게 재산을 상속해야 할지 걱정이 앞섰다.

"사장님, 안녕하셨어요?"

김수성의 금융자산을 관리해주는 고은준 팀장이 문을 열고 들어왔다. 고 팀장은 은행에서 상속 전문가로 통했다.

"고 팀장님, 어서 오세요."

"네, 사장님. 별일 없으셨죠?"

"고 팀장님, 언젠가 거래처 사장님이 자식에게 미리 증여하는 바람에 노년에 고생하고 있다는 이야기를 들었는데, 그런 일이 많죠? 주변 사람들 이야기 들어보면, 있는 자산을 주체하지 못하고 재산을 수증 받은 자식이 태도가 돌변하는 경우도 많다고 하던데……. 뭐, 나야 그들만큼 재산이 많지는 않지만, 그래도 평생 모은 재산을 자식들한테 어떻게 남겨줄지 이젠 준비해야 할 때가 된 것 같아요."

고은준 팀장은 수성의 말을 듣고는 그 심정을 충분히 이해할 수 있다는 표정을 지어 보였다.

"네, 맞습니다. 사장님. 이제부터라도 단단히 준비를 하셔야 합니다. 또 요즘 같은 때에는 은퇴 후의 삶도 염두에 두셔야 합니다. 은퇴 후의 기간을 무시하고 사전 상속을 하게 되면 정작 본인의 생활을 옥죄어 올 수 있는 위험이 있습니다. 그래서 상속 계획을 세울 때에는 반드시 현재 재정상황을 면밀히 분석하여 은퇴설계를 같이 하는 것이 중요합니다. 고령화 시대이기 때문에 노후생활 자금에 대한 설계가 철저히 우선되어야 합니다."

김수성은 고 팀장의 말 한 마디 한 마디에 공감이 갔다.

"고 팀장님 말이 백 번 옳습니다. 나이 들면서 요즈음은 말로만 듣던 언제 죽을지도 모르는 '오래 사는 위험'이 뭔지 느끼고 있습니다. 그래서 지난달에는 아내와 함께 노후에 쓸 돈은 연금으로 수령할 수 있는 금융상품에 가입했습니다. 연금상품을 들면서 피보험자를 아내로 지정하고 수익자를 저와 아내로 지정해서 아내가 유고 시까지는 매월 생활비를 받을 수 있도록 해 놓았습니다."

"사장님, 잘하셨습니다. 은퇴설계라고 해서 거창한 게 아닙니다. 사장님께서는 이미 훌륭한 노후설계로 종신형연금을 준비해두신 겁니다. 사장님처럼 은퇴자산을 따로 분리해 매달 월급처럼 생활비를 받을 수 있게 설계하는 것은 정말 바람직한 선택입니다."

수성은 역시 잘한 선택이라는 생각이 들었다.

"그렇죠? 왠지 가입하면서 괜히 허튼 데 돈을 쓰는 건 아닌가 생각했는데, 고 팀장님 말씀을 들어보니 정말 잘한 것 같네요. 허허."

"든든한 은퇴자산을 마련해놓으시면 사장님 자제분들께서도 노후에 재정적인 독립을 하신 사장님을 존경할 겁니다. 자녀에게 짐을 지우는 부모가 아니라 자녀의 든든한 후원자가 돼주는 아버지를 존경하는 것은 당연합니다."

수성은 든든한 후원자라는 말이 마음에 와 닿았다.

"또 종신형연금은 노후기간이 길어져도 피보험자의 사망 시까지 보장받을 수 있기 때문에 굉장히 훌륭한 노후준비를 하신 겁니다."

"그런데 나이가 점점 들다 보니 고민이 많습니다. 어떻게 해야 자식들에게 짐이 되지 않고 그들 인생의 도움이 되는 재산을 물려줄 수 있을지 가장 고민입니다."

"그렇지 않아도 최근에는 사장님처럼 자녀에게 재산을 이전하는 문제로 고민하는 분들이 점점 늘어나고 있습니다. 지금 은퇴를 하는 분들의 공통적인 생각은 돈 걱정 없이 노후를 보내면서 자녀들이 모두 무탈하게 잘 사는 것이죠. 나이를 불문하고 은행을 찾아오는 고객들의 가장 큰 고민거리는 딱 두 가지입니다. 바로 돈 걱정과 자식 걱정입니다."

고 팀장의 말이 끝나기 무섭게 수성은 맞장구를 쳤다. 큰아들 서진을 제외하고는 이미 자식들이 일가를 이루었지만 그렇다고 아이들 걱정을 놓을 수는 없었다.

"맞아요. 허허. 나도 사업을 하다 보니 돈 걱정은 말할 것도 없고, 여느 부모처럼 자식에 대한 근심이 늘 있어요. 뭐 자식들이 지금껏 크게 속을 썩이지는 않았어도 부모 처지에서는 어느 자식 하나 마음 안 가는 놈이 없으니……."

고 팀장은 수성의 말을 듣고는 신문기사를 하나 펼쳐 보여주었다.

뉴실버가 뜬다. 멋쟁이 깍쟁이 어르신들

일주일에 사흘은 수영을 배우고 주말엔 여행을 떠난다. 낮에는 친구들과 맛있는 식당을 찾아다니고 집에선 컴퓨터에 빠져 지낸다. 휴대전화로 문자메시지도 자주 보낸다. 인터넷은 쉬운데 엑셀 프로그램은 아직 어렵다. 그래서 곧 정식으로 컴퓨터 수업을 받을 생각이다. 미시 주부나 대학생 얘기가 아니다. 주인공은 올해 63세인 박모(여) 씨. 박 씨의 한 달 수입은 부동산 임대료와 연금을 합쳐 250만 원 정도. 이 가운데 30%는 문화생활을 즐기거나 여가 활동에 쓴다. 그는 2명의 자녀가 있지만 "재산을 물려주지 않고, 있는 대로 '팍팍 쓰다가' 죽을 것"이라며 "사는 데까지 즐겁게 살았으면 좋겠다"고 말했다. 박 씨와 같이 나이는 들었지만 독립적이고 왕성한 사회 활동 욕구가 있는 '뉴실버(New Silver)'들이 한국 사회에 등장하고 있다.

(동아일보)

"사장님. 이 기사를 한 번 보세요. 과거에는 본인의 노후자금이 부족하더라도 자식들에게 결혼자금, 교육자금으로 생전에 증여하거나 집한 채라도 유산으로 남기고자 하는 욕구가 일반적이었지만, 요즈음은 재산을 모두 소비하고 노후를 보내겠다는 생각을 가진 분들이 점점 늘어나는 추세입니다."

김수성과 고은준 팀장은 은퇴설계와 상속에 대한 의견을 주고받았다. 은퇴를 계획하고 상속을 준비하는 데 자기만의 원칙을 세워야 한다는 고 팀장 말에 수성은 백 번 동의했다. 그리고 자녀들이 자립할 수 있도록 적당한 재산을 남겨주어 성공을 돕는 것도 중요하다고 생각했다.

"내가 이제 나이가 들어서 그런지, 주위에서 안 좋은 광경도 참 많이 봅니다. 돈이 뭔지, 돈 때문에 그렇게 의가 좋던 형제끼리 싸우고 갈라서서 다시 얼굴도 보지 않는 경우는 다반사고, 심지어 어머니와 자녀 사이에도 인연을 끊고 사는 경우도 봤어요."

"네, 사장님 말씀처럼 특히 상속재산을 분배하는 과정에서 상대가 누가 되었든지 간에 딴생각을 하고 있는 경우를 많이 봅니다. 각자의 처지가 다르고 서로의 차이점을 인정하는 것이 쉽지 않기 때문이에요. 자식들도 부모의 유산에 대한 인식이 급진전하면서, 과거와는 많이 달라진 것이 사실입니다. 과거엔 선친의 유지를 받들어야 한다는 명분으로 물려받은 재산을 잘 관리하는 것에만 중점을 두었지만 지금은 당당히 자신의 권리를 찾아야겠다며 유산을 도마 위에 올려놓는 경우가 많아졌습니다. 아무리 많은 돈을 자식들에게 물려준다고 해도 상속이 되고 나서 재산 불화가 생긴다면 피상속인의 명예와 그가 평생 쌓아온 가치는 일순간에 허물어져 버릴 수도 있는데 말이죠."

"그거 참. 어떤 삶을 살든 사람이 마무리가 좋아야 하는데 평생 쌓아놓은 공든 탑이 무너지는 꼴이군요."

수성은 허탈하게 쓴 웃음을 지었다.

"사실, 상속을 하는 데 실패하는 주된 원인은 외부적인 요인보다는 가족 구성원 내부에 있는 경우가 많아요. 상속이 원활하게 이루어지면 가족들 모두 행복할 수 있고, 자녀들도 본인 인생을 장기적으로 주도면밀하게 계획할 수 있게 됩니다. 하지만 만일 재산상속이 베일에 가려지거나 마냥 늦추어진다면 수혜자인 자녀들은 막연한 기대감만 커져 직장에 다니거나 사업을 해나가면서 제대로 된 계획을 세우지 못하고 허송세월을 보낼 수 있습니다. 그렇기 때문에 노후준비처럼 상속에 대한 준비는 빠를수록 좋습니다."

"역시 만사가 유비무환이라 하는데, 상속도 마찬가지네요."

"또 유산 분배를 둘러싼 갈등의 주요 원인 중 하나는 부모가 의사표시를 분명히 하지 않은 경우입니다. 유족들이 경제적 곤란을 겪지 않도록 오랜 시간 동안 노력을 기울여 준비해온 유산이 오히려 가족들을 반목시키고 돌이킬 수 없는 분쟁을 남긴다면 이것만큼 큰 비극이 없겠죠. 이러한 비극은 유언장만 작성해도 막을 수 있는데 말이죠."

수성은 상속에 대한 준비만큼은 단단히 해왔다고 생각해왔는데, 고 팀장의 말을 들어 보니 자식들과 상의도 없이 혼자 해왔다는 것을 새삼 느꼈다. 결국 상속이라는 것이 자신의 의지만으로 되는 것이 아니었다. 큰아들 서진이 출국하기 전에 가족회의를 한 번 소집해야겠다는 결심을 했다.

"고 팀장님, 유언장 작성에 대해서는 요즘 '웰다잉' 등 언론에서 하는 이야기를 많이 들었습니다. 그리고 사실 저도 예전에 유언장 때문에 큰일을 당한 적이 있어요. 허허."

김수성은 고 팀장에게 할머니가 유언을 남기셨지만 유언장이 없어 집에서 가족 모두가 쫓겨났던 일에 대하여 한참을 설명했다. 지금은 웃으면서 할 수 있는 이야기지만 아버지가 돌아가시고 용서하기 전까지 수성에게는 악몽 같은 일이었다.

"사장님도 그런 일을 겪으셨다니……. 저희 상속 전문가들은 재산을 이전시키는 과정에서 부모가 유고 시에 유산 배분이 실패하는 경우를 무수히 봐왔습니다. 유산 배분을 할 때에는 가족들의 정서적인 측면을 배려하는 것이 매우 중요합니다. 조금 전 말씀 드렸던 것처럼 상속이 실패하는 가장 큰 이유는 부모 자녀 간의 대화가 부족하기 때문입니다. 특히 우리나라에서는 유산 문제를 터놓고 이야기하는 경우가 아직 많지 않습니다. 아버지가 어떻게 돈을 벌었고 얼마큼 재산을 갖고 있는지에 대해 정작 재산을 물려받을 상속인들은 잘 모르는 경우가 태반이고, 재산을 물려주는 분도 자녀들의 입장을 이해하려 하지 않는 경우가 많습니다."

"고 팀장님, 그런데 저도 솔직히 자녀들에게 유산 금액에 대해서는 비밀로 하고 싶습니다. 만일 유산 액수를 미리 알게 되거나 자신이 상속받을지 알게 된다면 오히려 돈만 믿고 아무런 노력도 하지 않을 겁니다. 또 자식 간 다툼이 일어날 가능성도 크지 않을까요?"

"사장님의 말씀을 들어보니 사장님은 아직 자제 분들에 대한 신뢰가 완전하지 않은 것 같은데요. 아닌가요?"

순간 수성은 멈칫했다. 지금까지 자식들을 믿지 않는다는 생각을 해 본 적이 없었다. 상속을 비공개로 하는 것이 신뢰가 부족하기 때문이라고 지적한 고 팀장의 말을 그냥 넘길 수 없었다.

조금은 불편해하는 수성의 기색을 살핀 고 팀장은 계속 설명했다.

"하지만 사장님께서 평소 자제 분들과 대화를 하면서 잘 설득한다면 그런 걱정은 하지 않으셔도 됩니다. 부모에게 물려받은 유산으로 각자 갖고 있는 달란트를 계발하고 함양하는 데 쓸 수 있다면 본래의 유산보다 더 큰 가치를 만들어내게 될 겁니다. 자녀들 역시 부모의 뜻을 잘 받들도록 더욱 노력할 겁니다. 만일 상속 문제로 대화를 해본 적이 없으시다면 지금이라도 사장님의 인생관과 유산에 대해 뜻을 전해주는 시간을 가져보는 것이 좋을 것 같습니다. 아무 준비 없이 갑자기 상속이 개시되거나 정신적 유산 없이 물질적 가치만 물려준다면 재산을 물려주는 분의 뜻과는 다르게 자녀 간에 다툼과 분쟁이 발생할 수 있기 때문이죠."

김수성은 자신이 하나는 알고 둘은 몰랐구나, 하는 생각이 들었다. 수성은 유언장을 작성하고 재산을 어떻게 쓸 것인지 혼자 고민했지, 가족들과 충분한 공유와 대화를 하지 못한 것이 사실이었다.

시험대에 오른 가족

고은준 팀장과 이야기를 나눈 수성은 더욱 심경이 복잡해졌다. 자식들에게 무엇을 물려줘야 할지 상속 문제로 혼자 생각하는 시간이 더 많아졌다. 수성은 아내와도 더 깊은 대화를 나눠야 했지만 우선 자신의 생각을 정리할 시간이 필요했다. 그러던 어느 날 수성은 가족들을 불러모았다.

"사실 오늘 내가 너희들과 긴히 의논할 일이 있어서 불렀어."

영문을 모르고 집에 모인 가족들은 무슨 일인가 싶어 수성을 바라보았다. 최정자도 아무것도 모르긴 마찬가지였다.

가족들을 한 번씩 둘러본 수성이 어렵게 운을 뗐다.

"회사가 지난봄에 납품한 제품에 클레임이 걸려서 자금 유통이 좀 어려워졌다. 3개월 정도는 지나야 자금 회전이 될 것 같아. 그 사이에 해결해야 할 문제가 좀 있어서 그러는데, 너희들이 아버지 좀 도와주면 좋겠구나. 지금 상황으로서는 가족들이나 주변 사람들한테 돈을 빌리는 방법밖에 없다."

돈을 구해 오라는 수성의 갑작스런 발언에 집안은 찬물을 끼얹은 듯 조용해졌고, 가족들의 얼굴은 굳어버렸다. 그도 그럴 것이 수성이 회사가 어려운 형편에 있다는 사실을 가족들에게 한 번도 내색한 적이 없었기 때문이다. 가족들은 수성의 회사가 건실하다고 모두 알고 있었다. 어느 정도 궤도에 오른 이후로 회사는 큰 문제 없이 잘 순항하고 있었기에 지금과 같은 순간이 올 줄 가족들은 꿈에도 생각하지 못했다.

"여보 그게 사실이에요? 왜 진작 말하지 않았어요?"

그렇지 않아도 요사이 낯빛이 좋지 않은 남편의 얼굴을 봐온 최정자가 불안한 표정으로 수성을 바라보았다.

"당신이 걱정할 정도는 아니야. 이번 고비만 잘 넘기면 다 해결될 문제야."

"아니 그래도, 당신이 애들한테 돈을 가져오라고 할 정도면 심각한 거잖아요."

"금융권에서 추가로 대출을 받을 수도 있지만 그렇게 되면 회사 이미지나 신용도에 좋지 않을 것 같고……. 우리 가족들이 가진 돈을 조금씩 모으면 해결이 되지 않을까 싶어서 그래. 너희들도 아버지 말을 이해했으리라 본다. 회사 사정이 좀 급하니 각자 할 수 있는 만큼만 마련해서 다음 주 토요일에 집으로 다시 오도록 해라. 왜 이렇게 다들 꿀 먹은 벙어리가 된 거야?"

사위 무성만과 며느리 소연은 더더욱 심각한 표정을 쉽게 풀지 못했다. 수성은 순간 자식들의 안색을 보고 마음이 쿵 내려앉았다.

'아니야, 아이들도 내 걱정이 돼서 그런 거겠지. 그럴 리가 없지, 우리 아이들이 그럴 리가 없어.'

아버지의 갑작스러운 폭탄 발언을 듣고 집으로 돌아가는 수진은 머리가 복잡해졌다. 동생 우진에게 차라도 한잔 하고 가자며 집 근처에 있는 카페로 들어갔다. 수진이 먼저 말을 꺼냈다.

"너 아버지께 얼마나 드릴 수 있어? 아니, 여윳돈은 있어?"

우진이 커피만 홀짝이자 옆에 있던 소연이 한숨을 푹푹 쉬며 하소연했다.

"형님, 저희가 지금 형편이 너무 안 좋아요. 저희도 아버님 어렵다는데 어떻게든 도와드려야 하는데, 돈이 있어야 드리죠. 그렇다고 저희 형편에 빚을 내서 드릴 수는 없잖아요."

"너희들 둘이서 모아놓은 사업자금 있다면서?"

"아휴, 말도 마세요. 이 사람이 지난번에 주식으로 절반이나 날렸어요. 모르셨죠? 그래서 제가 남은 돈은 몽땅 정기예금에 넣어버렸어요.

그건 절대로 찾으면 안 되는 돈이에요. 그것마저 없으면 저희 사업은 시작도 못해요. 저희도 요즘 허리띠 졸라매고 살아요."

잠자코 아내의 말을 듣고만 있던 우진이 입을 열었다.

"누나네는 돈 좀 있어?"

"우리라고 돈이 어디 있겠니?"

"그래도 매형이 월급 가져다주니까 모아놓은 거 좀 있을 거 아냐."

"매형 월급 모아봐야 얼마나 되겠어?"

아내 수진의 말에 무성만은 입을 삐죽이 내밀었다.

"이제 학교에 나간 지 3년 조금 지났는데 월급이 얼마나 된다고. 우리 먹고 살기도 힘들어. 내가 지난번 아버지 생신 때도 괜한 말을 꺼낸 게 아니었어. 얼마나 힘들면 아버지한테 그런 소리를 했겠니?"

"누나도 가끔 전에 다니던 회사에서 프리로 일 받아서 한다며?"

"그게 말이 좋아 프리랜서지. 일이 꾸준히 들어오는 것도 아니고, 용돈 버는 수준밖에 안 돼. 우리도 이제 겨우 먹고 사는 정도야."

더 이상 대화는 이어지지 않았다. 어색한 침묵을 깬 사람은 다름 아닌 무성만이었다.

"그런데 장인어른 회사가 그렇게 어렵나? 다들 탄탄하다고 하던데."

성만이 알 수 없다는 듯 머리를 갸우뚱하며 말했다.

"사업이라는 게 그렇잖아. 늘 잘 나가기만 할 수는 없잖아."

"역시 사업하는 집에 시집가면 돈 꾸러 다녀야 한다는 말이 딱 맞나

봐요. 남들은 이런 줄도 모르고 제가 시집 잘 갔다고 하는데."

우진은 아내가 푸념을 늘어놓자 울컥 화가 치밀었다.

"당신, 지금 그게 무슨 말이야. 시집 잘못 왔다는 말이야? 내가 언제 당신 돈 꾸러 다니게 한 적 있어?"

"얘들이 왜 이러니? 둘 다 그만해라. 괜히 돈 문제 생기면 부부 사이에 싸움 난다더라. 둘이 잘 상의해서 결정해. 우리도 집에 가서 얼마나 드릴 수 있는지 좀 봐야겠어."

수진은 둘을 타일렀지만 우진과 소연은 금방이라도 싸울 것 같은 분위기였다. 수진 역시 생각할수록 한숨만 나왔다. 남편과 상의한들 뾰족한 수도 없을 것 같았다.

• • •

아이들이 돌아가고 자리에 누운 김수성은 잠이 오지 않아 마당을 서성거렸다. 둥그렇고 커다란 달이 오늘은 더 유난히 탐스러워 보였다. 자식들이 얼마나 돈을 준비해 올지는 수성도 자신할 수 없었다. 괜히 아내에게까지 근심을 안겨준 것 같아 마음이 편치 않았다.

"아버지 주무셔야죠."

서진이가 어느새 나와 근심 어린 얼굴로 말했다.

"그런 너는 왜 자지 않고 나왔어?"

"저도 잠이 안 와서요."

"요즘 은행들이 어렵다는데 너희 은행엔 별 일 없는 거냐?"

"아무래도 말이 많죠. 외국은행이 우리 은행을 인수한다는 얘기도 있고 곧 희망퇴직자 신청을 받는다는 소문도 돌고 어수선해요."

"불황에 죽어나가는 건 국민들뿐이다. 은행이 어려우니까 우리 같은 중소기업들 대출은 더 어려워지고. 다들 정신 바짝 차려야지, 잘못하다가는 나라가 통째로 외국 자본에 넘어가게 생겼어."

"아버지, 많이 힘드시죠?"

"아니다. 내 걱정은 말고. 넌 유학 갈 준비나 잘 하거라."

"아버지 드릴 말씀이 있어요. 몇 번이나 다시 생각해봤는데요. 유학은 아무래도 다음에 다시 생각해보는 게 좋겠어요. 아버지가 지금 이렇게 힘드신데 제가 유학을 어떻게 가요. 오히려 잘됐어요. 제가 유학 가려고 모아놓은 돈으로 조금이라도 아버지를 도울 수 있으니까요."

큰아들 서진의 이야기를 들은 수성은 순간 아차 싶었다. 늘 책임감 있는 모습을 보여 온 서진으로서는 당연한 결정이었다. 수성은 그런 서진의 마음을 누구보다 잘 알았다.

"그게 무슨 소리냐? 그건 절대로 안 된다. 기회는 여러 번 오는 게 아니야. 아버지 회사는 길어야 3개월이면 형편이 풀릴 테니 걱정 말고 떠나거라. 유학비용을 아껴 써서라도 도울 수 있는 만큼만 내 놓으라는 말이지, 유학을 포기하라는 말은 아니었어. 이런 일로 유학을 포기하면

자녀에게 줄 수 있는 최선의 유산은 혼자 힘으로 제 길을 갈 수 있도록 해주는 것이다.
- 던컨

안 된다. 계획대로 유학을 준비해라. 알았지?"

"아버지, 제가 어떻게 마음 편안히 떠날 수 있겠어요. 공부는 다음 기회에도 충분히 할 수 있어요."

"무슨 소리냐. 너도 알잖니. 원래 사업이란 게 잘 될 때도 있고 어려울 때도 있는 거야. 아버지는 타고난 사업가다. 이런 일로 흔들리지 않아. 얼마의 현금만 확보하면 지금의 위기는 막을 수 있다. 다시는 그런 소리 말아라. 내 걱정은 말고 어서 들어가서 자거라. 내일 출근하려면 빨리 자야지."

걱정스러운 낯빛이 역력한 서진이 들어가자 수성은 후회가 되었다. 괜한 말을 꺼내서 이제 곧 떠날 서진에게 마음의 부담을 준 것 같았다. 또 집으로 돌아간 수진이네와 우진이네도 큰아들처럼 괜한 걱정에 잠을 잘 이루지 못하는 것은 아닌가 싶어 수성은 무거운 마음으로 하늘에 떠 있는 달을 바라보았다.

• • •

토요일 오후 김수성은 방안을 서성이고 있었다. 아이들이 올 시간이 가까워지자 마음이 초조해지기 시작했다. 그런 수성을 보고 아내 최정자가 말했다.

"당신, 정말 회사가 그렇게 힘들었으면, 나한테 먼저 얘기해주면 좋았잖아요. 솔직히 섭섭해요. 그런데 회사는 정말 괜찮은 거예요? 요즘 대출 받는 것도 어렵다고 하던데……."

"걱정 말아요. 그렇게 심각한 상황은 아니니 다 잘 될 거예요. 내가 먼저 당신한테 말하지 않은 건 잘못했어. 당신이 괜히 더 걱정할까 봐. 내 다음에는 어떤 일이든 당신과 먼저 상의하리다."

수성은 서운해하는 아내의 심정도 충분히 이해가 되었다.

"당신, 그런데 왜 그렇게 안절부절못해요? 혹시라도 애들이 가져올 돈 때문에 그런 거예요?"

"허허. 그러게 말이야. 괜히 걱정되네."

"어휴, 걱정 말아요. 애들이 우리를 얼마나 끔찍이 생각하는데요. 아버지 힘들다는데, 많이는 아니더라도 각자 형편대로는 마련해 오겠죠."

아내의 말에 조금은 안심을 했지만 수성은 갑작스럽게 돈을 구해오라는 아버지를 자식들이 어떻게 생각할지도 궁금하고 또 얼마만큼의 돈을 가져올지도 궁금했다. 이는 돈 이전에 부모를 생각하는 마음이라고 여겨졌기에 행여나 아이들이 자신의 기대에 훨씬 못 미치는 돈을 들고 올까 봐 신경이 쓰이는 건 어쩔 수 없었다. 한편으로 수성은 자식들과 깊은 유대감을 형성해왔다고 자부하고 있었다. 어릴 때부터 돈보다는 가족들의 사랑과 형제 간의 우애를 늘 일러주며 아이들을 키웠다. 김수성은 아이들이 지금까지 쌓아온 신뢰를 저버리지 않을 거라고 굳게 믿고 있었다.

3시가 되자 가족들이 하나둘 모이기 시작했다. 수성은 아이들을 안방으로 불렀다.

먼저 이야기를 꺼낸 건 딸 수진이었다.

"아빠, 우린 적금 하나 깼어요. 얼마 되지는 않지만 오빠 나가면 우리가 집으로 들어와 살 테니까 전세금이라고 생각하고 받아주세요. 무 서방이랑 의논해봤는데 모아놓은 돈도 없고…… 천만 원밖에 안 돼요. 저희로서는 무리한 거예요."

"그런데 무 서방이랑 소연이는 왜 안 왔니?"

"아, 무 서방은요. 오늘 갑자기 학교에 일이 생겨서 못 왔어요. 교장이 붙잡아서 학교에 남아있어야 된다고 전화가 왔더라고요."

"소연이는?"

"소연이는 아침 먹고 나서 갑자기 체한 것 같아요. 뭘 잘못 먹었는지 안색도 안 좋고."

머리를 긁적이며 막내아들인 우진은 우물쭈물 말을 얼버무렸다.

그때 슬그머니 우진이 품 안에서 봉투 하나를 꺼냈다.

"아버지, 상황이 지금 어려우신 건 알겠는데요. 저희도 누나네처럼 모아놓은 돈이 없어요. 저희가 모아봤자 아버지 회사에 도움이 될 만한 액수는 안 될 것 같아요. 실은 저도 요즘 주식투자를 한 게 손해가 나서 좀 힘들어요. 그리고 요즘 워낙 사람들 만날 일도 많고 접대할 일도 많아서…… 어젯밤에도 소연이랑 의논했는데 어디 돈 나올 데가 없더라고요. 죄송해요. 아버지. 오백만 원밖에 안 돼요."

우진은 기어들어가는 목소리로 아버지의 눈치를 살피며 봉투를 내밀었다.

수성은 자신도 모르는 사이에 가느다란 한숨이 터져 나왔다. 다들 수성의 한숨 소리에 긴장하는 모습이 역력했다.

"아버지, 저도 많이 생각해봤는데 아무래도 제가 유학을 가지 않는 게 좋겠어요. 아버지께서 우리들한테까지 이런 도움을 요청하실 정도면 말씀은 그렇게 안 하셨어도 상황이 보통 심각한 게 아니잖아요. 유학은 조금 미루고 제가 은행을 계속 다녀야 제 이름으로 대출도 더 받을 수 있고요. 우진이 말대로 우리가 이렇게 돈을 모아봤자 얼마나 되겠어요. 지금 회사의 위기를 막기에는 턱없이 부족한 돈일 거예요. 제가 이대로 유학을 떠나면 제 마음도 편치 않아요. 제가 우선 오천만 원을 찾아왔는데요. 좀더 알아보면 더 마련할 수 있을 것 같아요. 일단 이걸로 급한 불부터 끄세요."

큰아들 서진 역시 걱정스러운 목소리로 봉투를 내밀었다.

서진이 장남으로서의 도리를 지키고자 고민했을 시간들을 떠올리자 김수성은 미안하기도 하고 고맙기도 했다. 그리고 그런 결단을 내려준 서진이 더없이 믿음직스러웠다. 얼굴이 굳어 있는 자식들을 한참 동안 조용히 바라보던 수성은 봉투를 다시 아이들 앞으로 돌려주었다.

예상치 못한 수성의 행동에 모두 의아한 눈빛으로 아버지를 쳐다보았다.

수진은 자식들이 준비해온 돈이 너무 적어서 아버지가 실망하신 것은 아닌가 순간 생각했다. 어떻게 해서라도 돈을 더 마련해 왔어야 했나 하고 자책하며 말을 꺼냈다.

"아빠, 왜요? 왜 다시 돌려주시는 거예요?"

"실은, 내가 너희들에게 할 말이 있다. 사실 회사가 어렵다고 한 건 사실이 아니다."

"네?"

최정자는 자식들의 얼굴을 번갈아 보며 우선 안도의 한숨을 내쉬었다. 하지만 도대체 남편이 무슨 꿍꿍이로 이런 일을 벌였는지 납득이 가지 않아서 수성을 다그쳐 물었다.

"그럼 당신, 회사는 괜찮은 거예요?"

"사실 회사는 큰 문제가 없어요."

가족들의 얼굴은 금세 밝아졌다. 하지만 수진 역시 아버지의 의중이 궁금했다.

"정말이세요? 그런데 왜 저희 보고 돈을 준비해오라는 말씀을 하셨어요?"

"그래. 오늘 내가 너희들에게 돈을 준비해 오라고 한 건 회사가 어려워서가 아니다. 너희 엄마한테도 그리고 너희한테도 미안하지만, 부모를 위해 얼마나 자기의 것을 내어 놓을 수 있는지 궁금해서였다."

김수성의 설명을 듣고도 우진과 수진은 아버지의 의중을 알 수 없었다. 아버지가 자신들을 상대로 시험을 한 것이나 마찬가지였다. 왜 갑자기 이런 시험을 했는지 그 속뜻을 이해할 수 없었다.

자식들의 표정을 살펴보니 수성은 더 설명할 필요를 느꼈다.

"내가 이렇게 한 데는 다 이유가 있단다. 이제 나도 은퇴할 나이가 되었잖니?"

"은퇴라뇨? 아직 정정하신데……."

"지금 당장은 아니겠지만, 이제부터 찬찬히 준비할 생각이다. 사업을 시작하든 물러나든 무엇이든 체계적인 준비가 필요하다는 말을 내가 늘 하지 않았니? 은퇴를 준비하면서 우리집 가족재산을 어떻게 할 것인지 깊이 생각도 해보고, 그 전에 너희들은 어떻게 생각하는지 알고 싶었다. 물론 내가 은퇴한 후에 장학재단을 설립하겠다는 얘기는 누누이 해왔기 때문에 모두들 잘 알 것이고. 또 갑작스럽게 돈이 생기면 너희들이 감당할 수 없을 것 같아서 어떻게 하면 너희들의 행복을 지원해 줄 수 있을지 요즘 고민이 많다."

수성은 숨을 고르고는 아이들의 얼굴을 차례로 보며 말을 이었다.

"오늘 너희들이 준비할 수 있는 만큼 성의껏 준비해왔다고 아버지는 믿는다. 서진이가 직장생활을 일찍 시작하기는 했지만 아직 미혼이고 수진이와 우진이는 그래도 부부가 함께 직장생활을 하니까 셋 모두 공평한 기준을 적용할 수 있을 거라고 생각했다. 이제 은퇴 준비도 하면서 유언장도 미리 준비해두려고 한다. 그래서 오늘 너희들이 보여준 성의를 유언장 쓰는 데 반영하겠다."

유언장이라는 말에 모두 놀라 입을 다물지 못했다. 더구나 오늘의 일을 유언장에 반영하게 되면 상속과 직결되는 것이기에 우진과 수진의 얼굴에는 당황스러운 표정이 역력했다.

자식들의 표정을 살핀 수성은 다시 한 번 당부의 말을 잊지 않았다.

"너희들이 재정적으로 자립하고 또 사회적으로 공헌할 수 있도록 우리의 가족재산이 쓰여졌으면 좋겠다. 전혀 준비되지 않은 상황에서 예상치 못한 돈이 생기면 오히려 혼돈에 빠질 수도 있어. 너희도 주변에서 돈 때문에 가족들이 싸우는 것을 종종 봤을 거다. 상속이 너희들 인생에 걸림돌이 되길 원하지 않아."

"하지만……."

수진은 뭔가 말하려다가 이내 입을 다물었다. 옆에 있는 우진도 안절부절못하고 눈치만 살피고 있었다.

"하지만 유언장은 언제든지 다시 쓸 수 있어. 재산 또한 고정된 것이 아니라 앞으로 더 많아지거나 줄어들 수도 있는 것이고. 다시 말하지만 유언장은 언제든지 상황에 따라 다시 쓸 수 있는 거야. 너희들 오늘 이 아버지 때문에 충격을 많이 받은 것 같은데, 너무 심각하게 받아들이지 않았으면 한다. 내가 진즉부터 너희 엄마랑 너희들과 이야기를 할 걸 그랬다. 내가 바라는 건 딱 한 가지야. 그건 우리 가족의 행복이다. 그럴 일은 없겠지만 혹시라도 유산 때문에 불미스러운 일이 생긴다면 모든 재산은 다 사회에 기부할 생각이다. 돈이 먼저가 아니라 가족이 먼저라는 걸 늘 명심했으면 좋겠구나. 알겠니?"

잠자코 남편의 말을 듣고 있던 최정자는 사뭇 숙연해진 분위기를 애써 바꾸려고 웃으며 말했다.

"그래. 아버지가 다 너희 생각해서 그러는 거야. 너희도 이제 한 가정을 일구었고 또 자식을 낳으면 아버지가 너희에게 늘 가르쳤던 것처럼 가족의 행복이 가장 중요한 거 아니겠니? 이 엄마도 아버지와 같은 생각이다. 돈 때문에 싸우는 것만큼 볼썽사나운 게 없더라. 다들 힘든 형편에 돈 준비해오느라 애썼다. 배고프지? 여보, 이제 저녁 먹어요."

최정자가 아이들을 다독여주는 모습을 본 수성은 아내를 보며 미소를 지었다. 미리 아내에게 언질을 주지 못한 것이 미안했는데, 아내가 자신의 뜻을 이해해주니 든든하고 고마웠다.

"그래, 이제 우리 저녁 먹자. 그리고 서진이는 계획대로 유학 준비 서두르고. 여태껏 준비해온 유학을 포기하겠다고 해서 내가 괜히 미안하더구나. 그리고 수진이도 이사 올 준비하고."

"네. 아버지."

가족들에게 이야기를 하고 나서 수성의 마음은 한결 가벼워졌다. 무거운 표정의 아이들을 보는 것도, 이런 시험을 통해 상속분배 계획을 발표하는 것도 수성에게는 기분 좋은 일은 아니었다. 하지만 큰아들 서진의 깊은 마음을 확인한 것과 아직 철없는 딸 수진과 막내 우진에게 좀더 생각할 기회를 준 것이 다행이라는 생각이 들었다. 유언장은 언제 든 다시 쓸 수 있었다.

재산도 가족도 지키지 못하는 상속

김수성은 오랜만에 주인성의 변호사 사무실에 들렀다. 현역 변호사로 활동하고 있는 주인성은 나이가 들어도 에너지가 넘쳐 보였다. 그런 친구를 만나는 일이 수성은 좋았다. 40년을 넘게 쌓아온 돈독한 우정이었다.

"변호사님, 여전히 바쁘시구먼."

"어, 김 사장. 어서 오시게."

오랜만에 찾아온 친구를 반갑게 맞이하며 주인성이 말했다.

"바쁜 게 좋은 거 아니겠어. 벌써 뒷방 늙은이가 되면 어쩌나. 그래 그동안 별일 없었나?"

"나야 별일 없지. 자네 식구도 모두 잘 지내지?"

"무탈하지. 참 서진이 유학 간다더니 어떻게 됐어?"

"준비는 이제 다 끝났고 2주 후면 떠나."

"자네도 서진이 유학 보내 놓으면 마음고생 좀 하겠어. 다 컸어도 데리고 살다가 멀리 보내 놓으면 보고 싶어서 어떡하나."

"장가라도 보냈으면 덜할 텐데 그렇지 않아도 좀 걱정이네."

"자식이 그런 거야. 눈앞에 보여도 걱정, 안 보여도 걱정. 그래도 서진이야 워낙 듬직한 아들이니까 어디 가서든 잘 해내겠지."

수성의 마음을 헤아리며 주인성이 말했다.

"실은 내가 얼마 전에 애들을 상대로 일종의 시험을 치렀어."

"시험?"

"응. 직원들과 회식을 하다가 들은 얘기인데 어떤 아버지가 재산을 나눠주기 전에 자식들을 불렀대. 그러고는 자신의 사업이 어렵게 되었으니 아버지를 도와줄 수 있을 만큼의 돈을 가져 오라고 시켰다는 거야. 그래서 자식들이 각자 가지고 온 액수의 다섯 배에 해당하는 돈을 유산으로 남겼다는 얘기가 있더라고. 그걸 듣고는 옳다구나 싶어서 나도 한번 그 방법을 써 보기로 했지."

"그거 재미있는 걸. 그래서 자네도 정말 그 시험을 했단 말이야?"

"이거 참 재미있고 현명한 방법이다 싶어서 한번 따라 해 봤지."

"그래서 서진이와 수진이, 우진이에게 시켰단 말이지?"

"그래, 그랬지."

수성이 말을 하다 뜸을 들이는 것을 보고는 주인성이 재촉해 물었다.

"그래서 결과는 어떻게 됐나?"

"서진이가 오천만 원을 내놓고 수진이는 천만 원, 우진이는 오백만 원을 가져왔더라고."

"역시 서진이가 장남 노릇을 하네."

"그런데 지금 마음이 좀 많이 불편하네."

"왜? 우진이와 수진이의 액수가 적어서?"

김수성은 며칠 전 집에서 보았던 아이들 얼굴을 떠올려 보니 머리가 복잡해졌다. 상속을 제대로 준비하지 못하면 지금처럼 평온한 가족의 행복을 지킬 수 없을 것 같았다.

"그게 아니라고 하면 거짓말이지. 그 돈이 부모에 대한 마음과도 직결되는 돈이고, 어려운 상황에 놓인 부모를 구할 수 있는 마음이니까. 우리 아이들은 다를 거라고 생각했거든. 내가 어려운 상황에 놓이면 전 재산이라도 털어서 나를 구할 거라고 생각한 내 자신이 조금 어리석게 느껴지더라고. 내가 자식들을 잘못 봐도 한참 잘못 봤다는 생각이 들고. 솔직히 실망했네."

주인성 역시 자식을 키우는 부모 입장으로 수성이 실망했다는 말에 공감이 되었다.

"자네의 그런 마음도 이해는 가네만 역시 자식들에게 주는 건 아낌 없는 사랑이지 않나. 자식들에게 주는 사랑에 대가를 바라는 자체가 어리석은 생각일지도 몰라."

"자네 말이 백 번 옳네. 아이들의 속마음을 살필 수 있는 좋은 기회였다고 생각하네. 이번 기회에 자식들의 기대와 희망이 뭔지, 그리고 갈등이 생길 만한 요소가 어디에 있는지 더 알아봐야 할 것 같아."

"자네는 누구보다도 상속 때문에 인생의 굴곡을 많이 겪었던 사람 아닌가. 아직은 자네가 건강하고 상속 얘기를 꺼낼 시점은 아니지만 자네의 상속만큼은 정확하고 깔끔하게 이루어져야 해. 다시는 자네나 자네 식구들이 상속 문제로 소용돌이에 휘말려서는 안 되지 않겠나?"

"그럼. 상속 분쟁이야말로 돈을 떠나서 한 가족이 쌓아온 사랑과 신뢰를 망치는 세상에서 가장 더럽고 추한 싸움 아니겠는가. 언제 어떤 일이 벌어질지 모르는 만큼 가족들에게는 그런 비극을 물려주고 싶지 않아. 걱정 말게. 그렇지 않아도 차근차근 준비하고 있어. 아이들에게도 늘 일러두었기 때문에 나의 결정을 존중해주리라 믿네."

주인성은 수성이 힘든 시절을 겪을 때마다 곁에서 많은 도움을 준 친구였기에 누구보다 수성의 마음을 잘 알고 있었다.

"그렇지 않아도 얼마 전에도 상속 문제로 찾아온 사람이 있었어. 그런 사람들을 보면 대부분이 사소한 실수로 자신이 원했던 것과는 다른 방향으로 일이 진행되는 경우가 많더라고."

김수성은 인성에게 바짝 다가가 귀를 기울였다.

"유언장이 얼마나 중요한지는 자네도 이미 알고 있지 않나? 예전에 어떤 사람은 자신의 재산을 좋은 뜻에서 학교에 기부하려고 유언장을 미리 작성해두었어. 그런데 갑자기 아들의 사업이 부도가 나면서 유언장을 다시 쓰려고 하던 중에 사고로 사망한 사건이 있었어. 그래서 결국 가족들은 재산을 상속받을 권리의 절반을 잃게 되어버렸지. 피상속인은 평소에 유산을 물려주지 않아도 아들의 경제적인 기반이 튼튼하다고 생각했는데, 상황이 바뀌어버린 거야. 그렇기 때문에 유언장은 더더욱 때에 따라 새로 쓰는 것이 옳아. 다시 말하면 충분히 자신은 물론 가족들의 상황을 모두 고려해서 유언장을 쓰는 것이 중요하네."

"그렇다면 유언장은 어느 정도 기간을 두고 고쳐 쓰는 것이 좋은 건가?"

"글세……. 정해진 기간은 없지만 상황과 여건이 바뀔 때마다 새로 써 두는 것이 좋지 않을까? 유언장을 미리 써 두는 건 혹시 모를 사고나 분쟁에 대비하기 위한 거니까 앞서 말한 경우처럼 집안의 상황이 달라지면 거기에 맞춰서 새로운 유언장을 써야지. 하지만 유언장을 쓸 때에 너무 한 가지 기준에 편중되어 한쪽으로 유산을 몰아주면 아무래도 문제가 생길 여지가 크니까 가족들 간의 합의를 거치는 과정과 합리적으로 분배하는 상속이 중요하다고 보네."

"자네도 아는 것처럼 우리 가족은 내 결정에 잘 따라주고 있어. 하지만 이번에 아이들에게 시험한 것이 과연 공평하고 합리적이었는가를 생각하면 좀 마음에 걸리기도 하고 그러네."

주인성은 수성의 말을 듣다가 무슨 말을 하려다가 이내 멈칫했다. 그런 기운을 눈치챈 수성은 인성을 재촉했다.

"자네 무슨 얘기를 하려 하지 않았나?"

주인성은 조금 망설이다 조심스럽게 말을 다시 꺼냈다.

"사실, 김 사장의 경우는 분쟁이 생길 여지가 있어. 내 말 너무 이상하게 듣지는 말고."

분쟁의 여지가 있다는 주인성의 말에 수성은 고개를 갸우뚱했다.

"말해 봐, 괜찮아."

"자네는 재혼에다 서진이가 전처의 자식이라서 혹시라도 서진이와 집사람의 사이가 좋지 않다면, 자네가 죽고 나서 상속 분쟁으로 이어질 가능성이 커. 내가 최근에 맡은 사건에서도 남편이 유언장을 남기지 않고 죽어서 친딸처럼 키운 의붓딸이 재산 분쟁소송을 냈다고. 상속재산 분할협의에서도 좀처럼 조정이 되질 않았어. 의붓딸은 재산분할 협의에 응하기보다는 자신이 받고 싶은 돈만 요구하다가 결국은 키워준 어머니를 상대로 소송을 냈지. 그러자 그 부인은 소송을 해 의가 상하느니 키운 정도 있는데 그냥 주겠다며 남편의 유산을 거의 다 주었어. 지켜보는 사람들도 참 안타까웠지. 하지만 상속 분쟁이 발생하고 나면 보통의 사람들도 눈에 불을 켜고 자기 것을 찾으려고 악다구니를 쓰는 일이 비일비재해. 물론 자네 집사람과 서진이가 그럴 리는 없지만 그래도 만약이라는 게 있으니까 유언장을 통해 확실히 준비해두는 게 좋을 것 같네."

주인성의 말을 듣고 보니 수성도 현실을 인정할 수밖에 없었다. 큰아들 서진이 집안에서 장남의 역할을 충분히 하고 부모, 동생들에게 누구보다 잘하고 있지만 나중에 어떤 상황이 벌어질지는 모를 일이다. 그래도 가족들이 돈 갖고 싸우는 상황을 상상조차 하기 싫어 수성은 애써 웃으며 말했다.

"에이, 그래도 설마 우리 가족한테 그런 일이 일어나겠어? 내가 틈틈이 집사람이랑 애들한테 잘 일러두었기 때문에 그런 일은 없을 거야."

수성은 자신 있게 말했지만 서진이와 아내의 얼굴이 어른거렸다.

"또 한 가지 자네처럼 거의 모든 재산을 물려주기보다는 다른 곳에 쓰고자 할 때 가족들과 확실한 합의가 필요해. 요즘은 예전과 달리 재산을 자식에게 물려주기보다는 오로지 자기 자신과 부부를 위해 쓴다거나 아니면 사회에 재산 전액을 환원하는 방법을 택하는 사람들이 점점 더 늘어가는 추세야. 예전과는 가치관이 다른 세대가 상속을 하는 시대가 왔다고 보면 돼. 이런 사람들은 자식에 목을 매거나 자식들만 바라보고 살아온 세대와는 완전히 다르지. 자식들도 부모에게 의존하지 않기를 바라기 때문에 오로지 자신의 가치를 구현하고 실현시키는 데 재산을 사용하는 거야. 어떤 의미에서는 진정한 가치 상속이라고도 할 수 있지."

김수성도 여느 평범한 부모처럼 자식들이 각자 재능 있는 분야에서 실력을 발휘하고 인생을 산다면 더 바랄 것이 없었다. 그리고 사업을 한다는 우진이나 유학을 준비하는 서진이도 아직까지는 부모에게 손 벌리지 않고 자립하려는 모습이 대견했다. 그래서 돈을 물려주기보다는 자신이 평생 마음에 담고 살아온 정신적인 가치를 물려주는 방법을 찾는 데 신경을 썼다. 김수성은 고개를 끄덕이며 주인성의 이야기에 귀 기울였다.

"하지만 문제는 자식들과 충분한 합의가 되지 않았을 때는 반드시 분쟁으로 이어지거나 부모에 대한 원망으로 이어질 수 있다는 거야. 돈도 좀 있고 자유분방했던 여자 분이 있었지. 남편이 죽고 나서 자식들과 함께 살지 않고 혼자 해외로 여행 다니며 여생을 보냈는데, 자식들은 그런 어머니를 늘 못마땅해한 거야. 자식들은 어머니가 돌아가시자 아버지가 죽기 전에 남긴 재산 내역과 어머니의 재산 내역 모두를 파헤치면서까지 분개하더라고. 그 여자 분의 경우 죽기 전에 남은 재산은 모두 양로원에 기부했는데 다행히 유언장이 있어서 상속은 별 문제없이 집행됐지만 자식들의 원망은 오래 갔지. 좋은 뜻에서 재산을 환원하는 사람이 늘고 있지만 가족들과의 원만한 합의가 없는 기부는 사후에도 가족들의 원성을 더 키울 뿐이라는 걸 명심해야 돼. 특히 김 사장처럼 장학재단을 설립하겠다는 뜻이 있다면 가족들의 이해와 합의가 가장 중요해."

"난 자식들한테 한 푼도 안 주고 장학재단을 설립하겠다는 건 아니야. 아이들에게 꼭 필요한 만큼의 유산은 남길 생각이야. 하지만 애들에게 공평하게 주겠다기보다는 애들에 따라 다르니까 사실 이번에는 부모에 대한 마음 씀씀이에 따라서 주려고 생각도 해봤고, 사실 형편이 어려운 자식에게 좀더 많이 주고 싶은 마음도 있고."

"그래. 자식이 여럿일 경우에는 똑같이 나누든지 아니면 뭔가 형평성에 맞는 기준을 제시하고 상속하는 것이 꼭 필요하네. 그렇지 않으면 형제끼리도 불공평하다고 느끼고 우애도 상하게 되고 원망하는 마음도 커질 거야. 내가 아는 사람 중에 실제로 아들과 딸에게 좀 차등을 두어서 유산을 주겠다고 발표하자 딸이 반발해서 집안에 분란이 생겼어. 아버지가 딸을 직접 설득하려고 애쓰는 중에 아들이 딸에게 폭언을 해서 상황이 더욱 나빠졌지. 결국 유언장 쓰는 걸 뒤로 미룰 수밖에 없었는데 갑작스러운 교통사고로 죽게 된 거지. 결국은 상속분할협의를 거쳐 반반으로 상속을 받았지만 그 남매는 거의 남보다 못한 사이가 되어 원수처럼 지낸다네. 자녀들이 여럿 될 경우 조금이라도 차등을 두어 상속하려면 모두 납득할 만한 기준을 제시해서 상속을 진행시켜야 해. 그렇지 않을 경우에는 분명히 형제 간 의도 상하고 분쟁이 생길 여지도 높아지게 돼."

"자네 말이 옳아. 깨물어 안 아픈 손가락이 어디 있나? 내 죽은 뒤에 자식들끼리 싸우게 할 수는 없지."

"자네 입장에서 상속을 준비할 때는 이런 여러 가지 사항들을 충분히 고려해야 하니까 유언장을 쓸 때 이러한 것들을 반영해서 쓰는 것이 좋아. 재산 보유자의 의지인 유언장이 없으면 상속인 사이에 다툼의 불씨는 여전히 남는다는 사실을 명심하게. 또한 그 유언도 법적으로 보호되는 법적 장치가 마련된 유언이야 한다는 사실도 잊지 말고."

"알겠네. 늘 자네한테 신세만 지는 것 같아."

"아니, 이 사람. 무슨 그런 말을 해? 이제 자네도 늙나 보네. 허허."

"근데 그런 자네는 유언장 써 놨나?"

"그럼. 난 심심할 때마다 한 번씩 쓴다고. 허허."

"자네는 자식이 하나뿐이라서 좋겠어."

"좋긴 뭐가 좋아. 하나밖에 없는 딸이 시집도 안 가고. 요즘 애들은 왜 이렇게 결혼을 안 하려고 하는지 모르겠어. 돈도 필요 없대. 자기는 평생 집에서 그림 그리고 같이 산다고 하는데 미치겠어, 정말, 난 김 사장이 부러워. 자식들이 결혼하고 손자도 안겨주고 하면 얼마나 좋아."

김수성과 주인성은 너털웃음을 지으며 자식들 이야기를 늘어놓았다. 어찌 되었든 자식들 이야기를 할 때만큼은 골치 아픈 문제도 복잡한 머릿속도 말끔해지는 것이 부모의 마음이었다.

부모 덕을 바라는 자식

운동장에는 봄 햇살이 따뜻하게 내리쬐고 있었다. 겨우내 움츠러들었던 아이들에게 봄은 운동하기 더 없이 좋은 날이었다. 학교에서 체육을 전담하고 있는 무성만은 아이들의 자지러질 듯한 웃음소리와 봄기운에 기운이 넘쳤다.

"자, 여기서 공을 쳐서 저 네트를 넘겨야 되는 거야. 선생님이 시범을 보여줄게."

무성만이 배구공을 들고 시범을 보이려는 순간 전화벨이 울렸다.

"너희들 장난치지 말고 연습하고 있어."

성만은 전화기를 들고 벤치에 앉았다. 아이들은 까르르 웃으며 배구공을 들고 네트 주위로 몰려갔다.

"어 정수냐? 나? 수업 중이지. 아 괜찮아. 애들끼리 연습하라고 했어.

나야 뭐 만날 운동장에서 체육복 입고 공 한 번씩 차 주고 살지 뭐. 요즘 같은 봄날에는 이보다 더 좋은 게 없다. 응, 지난주에 처가로 들어갔어, 나중에 얘기해줄게. 진환이랑 보기로 했다고. 오늘? 나야 좋지. 그럼 이따 보자."

"선생님!"

무성만은 급히 전화를 끊고 아이들에게 다가갔다.

• • •

수업을 마치고 친구들을 만난 무성만은 오랜만에 회포를 풀었다.

"성만이 너, 이제 처가에 들어갔으니 장인어른이 한 재산 떼어주시는 거 아냐?"

"맞아. 요즘엔 사위들이 아들 노릇 톡톡히 한다고. 장인어른한테 밉보이지 말고 잘해."

"에이, 왜들 그래. 당분간만 들어가 사는 거라니까."

무성만은 손사래를 치면서도 내심 기분이 나쁘지 않았다.

"그럼, 사위도 자식인데 설마 모른 척하시겠어? 이 기회에 말씀 잘 드려서 헬스클럽 하나 차려달라고 해. 너 학교 다닐 때부터 헬스클럽 해보고 싶다고 그랬잖아."

"헬스클럽 하나 차려주는 건 일도 아니잖아."

무성만은 은근히 친구들이 자신에게 더 잘해주는 것만 같아 어깨가 우쭐해졌다. 평소에도 친구들이 장가 잘 갔다며 자신을 추켜세웠지만 처가에서는 자신에게 별 관심을 보이지도 않는 것 같아 내심 불만이었다. 자상하고 따뜻한 장인어른과 처가 식구들은 모두 좋았지만 자신에게 너무 인색하다는 생각이 들었다. 그리고 좀더 친해질 기회를 만들고 싶었다. 그러던 차에 이제 처가에 들어가 살게 됐으니 점수도 따고 인정도 받을 수 있는 좋은 기회라고 생각했다.

"오늘은 내가 쏠 테니까 많이들 먹어."

"역시 있는 집 사위는 달라. 하하."

"좀 기다려봐라. 내가 나중에는 꽃등심으로 쏠 테니까."

잔뜩 기분이 좋아진 무성만이 호기롭게 큰 소리를 쳤다.

오랜만에 친구들과 기분 좋은 시간을 보내고 집으로 돌아오는 길에 무성만은 친구들이 한 말을 떠올리며 생각에 잠겼다. 친구들 말이 옳았다. 체육선생으로서 무성만은 큰 불만은 없었지만 남자들이 으레 한번쯤은 자기 사업을 꿈꾸는 것처럼 그 역시 꿈을 꾸고 있었다. 시골에서 농사를 지으면서 서울로 대학까지 보내주신 부모님의 뜻에 따라 안정된 직장을 얻기는 했지만 할 수만 있다면 자신도 헬스클럽을 운영해 보고 싶었다.

'장인어른의 재산을 보면 어려운 일도 아니지. 그깟 헬스클럽쯤이야.

월급쟁이 아무리 해봤자 돈 몇 푼이나 만질 수 있겠어. 잘 돼서 헬스클럽 몇 년만 하면 장인어른 돈 금방 갚을 수 있잖아. 수진이도 분명히 좋아할 거야. 왜 여태까지 이 생각을 못 했지?'

무성만은 싱글벙글 콧노래를 부르며 밤길을 걸었다.

집으로 돌아온 무성만은 아내의 얼굴을 보자 다짜고짜 물었다.

"여보, 당신 내가 월급쟁이인 게 좋아? 헬스클럽 사장인 게 좋아?"

"무슨 뚱딴지 같은 소리야?"

"아니, 뭐. 학교 다니는 건 좋지만 교사 월급으로 애 어떻게 키우냐고 만날 그랬잖아."

"그래서?"

"우리 헬스클럽 차리면 어떨까 해서. 요즘 시내에 나가면 빌딩에 통유리로 돼서 운동하는 것도 다 보이는 멋있는 그런 헬스클럽 있잖아. 그런 거 보니까 나도 하면 잘할 수 있을 것 같은데……."

"우리가 무슨 돈으로 그런 걸 차려?"

"장인어른한테 한번 부탁해보면 안 될까?"

"뭐! 당신 미쳤어? 아버지가 헬스클럽을 내 줄 것 같아? 당신 아직도 우리 아버지를 몰라? 우리 아버지 그렇게 자식들한테 돈 주는 거 싫어하는 분이야. 자기 인생은 본인이 열심히 노력해서 개척해야 한다는 소신이 강한 분이라고."

"아니, 그래도 내 전공이 체육이고, 또 나중에 상속해줄 재산 미리 받

집안을 다스릴 때 명심할 두 마디 말은
'용서하기만 하면 마음이 모두 편안하고, 검소하기만 하면 살림이 넉넉해진다'는 것이다.
- 채근담

는 걸로 해서 당신이 좀 부탁해보면 안 들어주실까?"

수진은 남편의 말을 듣고는 절로 한숨이 나왔다. 이번에 집으로 들어온 것만 해도 부모님께 죄송한 마음이 있었는데 헬스클럽을 부탁하자는 남편의 뜬금없는 말에 웃어야 할지 울어야 할지 몰랐다.

"난 부탁 못해, 아니 안 해. 그리고 당신, 창피하게 왜 그래? 아까도 엄마가 당신이 철이 안 든 거 같다고 그러더라. 이런 얘기까지 하는 거 알면 엄마가 얼마나 당신을 한심하게 생각하겠어? 제발 정신 좀 차려."

수진은 흥분해서 언성을 높이며 쏘아붙였다. 하지만 무성만은 헬스클럽이 눈앞에 어른거려 아내의 말이 귀에 들어오지도 않았다.

"아니, 장인어른이 우리 집도 안 사주셨는데, 뭔가 우리 몫으로 떼 놓은 게 있지 않을까?"

"조용히 해. 엄마 들으시면 어떡하려고 그래."

그때 갑자기 문 밖에서 기침 소리가 들렸다. 노크 소리와 동시에 최정자가 매서운 눈초리로 딸과 사위를 번갈아 보며 쏘아보고 있었다.

"자네는 도대체 생각이 있는 사람인가? 없는 사람인가?"

놀란 수진이 최정자에게 달려가 팔을 잡았다.

"엄마, 못 들은 걸로 해요. 네?"

"죄송합니다. 장모님."

실실 웃으며 말하던 성만은 장모의 매서운 눈초리를 보자 고개를 푹 숙였다.

"아니, 사람이 능력이 없으면 성실하기라도 해야지. 그렇게 남의 도움이나 받으려 하고, 자네만 보면 내가 가슴이 답답해."

"엄마, 아빠가 남이야? 이 사람이 뭐 틀린 말 했어? 사실 아버지가 우리 집도 안 주시고 차별한 건 사실이잖아. 그러니까 이 사람 처지에서는 서운할 수 있는 거예요."

조금 전까지만 해도 남편을 나무라던 수진은 엄마의 말에 자신도 모르게 화를 냈다.

"지금, 너. 무 서방 편 드는 거냐?"

"편이 아니라……."

"아이구. 답답해. 둘 다 똑같아."

최정자는 한숨을 쉬며 방문을 쾅 닫고 나갔다.

뾰로통해진 수진이 남편을 째려보았다.

"당신, 이제 그 말 절대 입 밖에 내지 마. 알았어? 아버지 아직 안 들어오셨으니까 망정이지. 아버지 계셨으면 어쩔 뻔했어?"

그날 밤 잠자리에 누운 무성만은 헬스클럽이 눈앞에 어른거려 잠을 이룰 수 없었고 수진은 수진대로 성만을 무시하는 엄마 때문에 화가 나 잠이 오지 않았다. 최정자 역시 수진도 성만도 철이 없는 아이들 같아 딱하기도 했지만 걱정이 앞섰다.

자식을 외면할 수 없는 부모 마음

우진은 젊은 사람들로 북적거리는 강남대로를 걷고 있었다. 지나가는 사람들의 얼굴에는 생기가 띠었다. 우진은 그들을 부러운 눈길로 쳐다보았다. 아직 결혼한 지 얼마 되지 않았지만 가장으로서 책임감을 요즘 들어 더 느끼는 우진은 사업에 투자할 만한 투자자를 찾아 백방으로 뛰고 있는 중이었다. 오늘도 투자자를 만나러 가는 길이었다.

"이번에 아이돌 그룹이 일본에 진출해서 매출이 100억대에 달한 거 아시죠? 이제는 예전과 다릅니다. 옛날에는 자동차, 섬유 이런 거 수출했지만 이제는 문화를 수출해야 하는 시대입니다. 우리나라 가수, 배우들이 속속 아시아 시장에서 돈이 되고 있어요. 지금이 기회입니다, 지금 투자하시면 확실합니다. 사장님."

김우진의 맞은편에 앉아 얘기를 듣고 있던 남자는 꺼림칙한 표정으로 팔짱을 끼고 있었다.

"그런데 나는 도통 이해가 안 가. 지금 중국에 진출해서 어떻게 그만큼 돈을 벌 수 있어? 그리고 김우진 씨 사업 구상만 듣고 그만큼 투자할 수는 없어요. 지금 진행하는 사업이 어느 정도 자리가 잡히면 그때 생각해 보자고. 가능성이 판명 나면 그때 투자하지."

남자는 우진의 어깨를 툭툭 치더니 일어나 나가버렸다.

벌써 수차례 이런 식으로 투자가 무산되었다. 우진은 한숨만 나왔다. 젊음을 무기로 소연과 의기투합했지만 현실적인 장벽은 너무나 높았다. 그들은 벌써 일 년째 높은 벽을 넘지 못하고 나가떨어졌다. 그렇게 다시 정신 차리고 돌아오기를 반복하고 있었다.

투자자 미팅을 끝낸 우진은 초조하게 어머니와 아내를 기다리고 있었다. 지난밤 아내와 상의한 끝에 어머니에게 도움을 받자고 결론을 내렸다. 당초 계획대로라면 벌써 투자자를 구해서 당장 회사를 설립하고 연습생을 뽑아야 했다. 오디션 공고까지 내 놓은 상황에서 투자하겠다던 사람이 연락 두절되면서 우진과 소연은 백방으로 뛰어다녔지만 대안을 찾지 못했다. 어쩔 수 없이 아버지에게라도 손을 벌려야 하는 상황이었다. 차마 아버지에게는 부끄러워 투자해 달라는 얘기가 입 밖으로 나오지 않았다. 며칠 밤을 고민한 끝에 우진과 소연은 어머니에게 도움을 요청하기로 결정했다.

이소연이 먼저 도착하였다. 풀이 죽어 있는 남편의 모습을 보고 짐작이 갔지만 그래도 소연은 미팅 결과에 대하여 다시 확인했다.

"미팅은 어떻게 됐어?"

"……."

소연은 말이 없는 남편을 보고는 애써 밝게 말했다.

"괜찮아. 뭐, 우리의 미래를 보고 투자하는 사람이 있겠지. 이제 출발점에 서 있다고 생각하자. 너무 실망하지 말고. 자기 기운 내. 어머님 만나면 내색하지 말고. 괜히 걱정하시잖아."

"응, 그래."

"어머니한테 어떻게 해서라도 도움을 받아야 해. 지금 우리한테는 이 길밖에 없어. 알지?"

"응."

막내아들 내외를 멀리서 발견한 최정자는 환하게 웃으며 카페로 들어왔다.

"너희들이 어쩐 일이니? 밖에서 날 보자고 하고. 오랜만에 강남에 나왔더니 정신이 하나도 없구나."

하지만 최정자는 이내 아들과 며느리의 심상찮은 표정을 읽고는 안색이 어두워졌다.

"너희 무슨 일 있는 거니?"

"어머님, 사실은 어머님께 부탁드릴 게 있어요."

소연이 먼저 입을 열었다.

"지난번에 아버지가 부르신 일 때문에 그래?"

"아니요. 그것보다 사실은 저희가 돈이 좀 필요해서요. 어머님, 저희가 열심히 준비한 거 아시잖아요. 지금 시작해야 해외시장에도 뛰어들 수 있어요. 그 시장이 정말 엄청나거든요. 우리가 상상하는 것보다 훨씬 더 커요. 아버지 사업보다 더 크게 성공할 수 있어요. 이 기회를 잡아야 돼요. 어머님이 좀 도와주세요. 아버님께 도와달라고 하고 싶었는데 얼마 전에 그런 일이 생기고 나니까 도저히 아버님한테는 말을 못하겠어요."

"그래서 아버지가 찬찬히 준비하라고 당부하신 거 아니니? 이제 사업 구상한 지 일 년도 안 되잖아."

"구상만 열심히 한다고 되나요? 준비는 충분히 했어요. 좀더 지나면 남들도 다 하는 거 따라 하는 것 밖에는 안 된다고요."

최정자는 순간 당황했다. 사실 젊은 나이에 사업을 한다고는 하지만 그 길이 쉽지 않다는 것을 누구보다 잘 알고 있었다. 남편 회사도 지금은 괜찮지만 사업이라는 것이 언제 어떤 위기가 올지를 모르는 일이었다. 내색은 안 했지만 늘 마음을 졸이며 살아왔다.

그때 이소연이 최정자의 손을 잡고 간절히 말했다.

"어머님, 우진 씨랑 저랑 정말 열심히 준비했어요. 저희도 감이란 게 있잖아요. 지금 아니면 안 될 것 같으니까 저희가 이렇게 어머니께 염치 없지만 부탁드리는 거예요. 한번만 도와주세요. 어머님도 아버님 사업하시는 거 보셔서 아시잖아요. 타이밍이 정말 중요해요. 그걸 잘 잡으면 성공하는 거고 놓치면 실패하는 게 사업이에요. 네?"

"내가 돈이 어디 있다고?"

"시골 땅, 엄마 이름으로 돼 있잖아요. 그거 담보로 대출 좀 받아주세요. 부탁해요."

잠자코 있던 아들까지 나서서 간곡하게 말하자 최정자는 그저 한숨만 푹푹 쉬었다.

"아버지한테는 말씀하지 않으셨으면 해요. 제가 잘만 되면 일 년 안에 다 갚아드릴 테니까 아니, 늦어도 삼 년 안에는 책임지고 갚을게요."

최정자는 결심이라도 한 듯 다시 물었다.

"다시 한 번 물으마. 사업을 꼭 해야겠니? 너희 아버지도 그렇고 나도 그렇고 자식들이 사업만은 안 했으면 했는데 우진이 네가 이렇게 사업하겠다고 나설 줄은 정말 몰랐다. 그냥 회사에 다니면 좋을 텐데 위험한 사업을 꼭 해야겠니?"

"어머니, 아버지처럼 아니, 아버지보다 더 성공할 수 있어요. 아버지의 사업가 기질을 물려받은 건 형이나 누나보다는 저인 것 같아요. 한번만 믿어주세요."

"네, 어머님. 저희 믿어주세요."

최정자는 한 손으로 이마를 짚으며 말 없이 있었다. 무엇보다 남편

몰래 도움을 줘야 한다는 것이 꺼림칙했다. 그렇다고 모른 척하고 있을 수도 없었다.

"한번 생각해 보마."

"네, 어머니."

"너희들 둘 다 얼굴이 너무 수척하구나. 요즘 애들이 다 그렇지만 너무 말랐다. 안 되겠다. 둘 다 약이라도 한 재 지어 먹어야지. 그리고 일도 중요하지만 빨리 애를 가져야지. 너희들 젊다고 애 늦게 가지려고 하다 보면 그거야말로 시기를 놓치게 된다. 아버지 말씀처럼 일이나 돈으로 가족을 얻을 수는 없어. 아이를 가져야 어른이 되고 책임감도 생기고 일도 더 잘 할 수 있는 거야."

"네, 어머님. 부탁드려요."

"너희들이 그렇게 힘들다니 일단 생각은 좀 해보마. 그런데 나도 너희 아버지 몰래 그런 일 하는 게 내키지가 않아. 너무 기대하지는 마라."

최정자는 둘을 남겨두고 카페를 먼저 나왔다. 이러지도 못하겠고 저러지도 못하겠고 길 위에서 벙어리 냉가슴 앓듯 가슴만 두드리며 걸었다. 그래도 도움을 줄 수 있다면 힘닿는 데까지 도와주고 싶은 것이 솔직한 심정이었다.

가족을 지키기 위한 특별한 부탁

공항에서는 만남과 헤어짐의 풍경이 반복되고 있었다. 그 속에 수성의 가족들도 함께 있었다. 서진은 혼자 가도 괜찮다며 가족들을 극구 나오지 말라고 말렸지만 수성은 그럴 수 없었다. 지금 보내면 적어도 2~3년은 못 볼 텐데 생각만 해도 마음이 짠하였다.

"아버지, 잘 다녀오겠습니다. 제 걱정은 마세요."

김수성은 서진의 손을 잡자 눈시울이 젖어들었다.

"여보, 서진이 마음 편치 않게 왜 그래요? 웃는 낯으로 보내야죠."

"내가 뭘 어쨌다고 그래."

아내의 말에 민망해진 수성은 서진을 덥석 안았다.

"이제 시작이다. 네 인생은 여기서 다시 출발선에 선 거야. 힘들 때에는 가족들이 너를 지지하고 있다는 걸 잊지 마라."

"네 아버지, 어머니. 건강하세요. 아버지도 이젠 일도 좀 줄이시고 어머니랑 여행도 다니시고 그러세요."

이를 지켜보던 수진이 웃으며 끼어들었다.

"아이, 오빠가 뭐 전쟁터에라도 나가는 거 같네. 다들 왜 이렇게 심각한 거야. 아빠 좀 웃으세요."

"그래, 공부하러 떠나는 사람을 격려해줘야지. 이 아버지가 옛날 사람이라 그런다. 허허."

수성은 가족들에게 애써 웃음을 지어 보였다. 그렇게 아쉬운 시간을 뒤로 하고 서진은 출국게이트를 빠져나갔다.

서진이 떠나는 뒷모습을 보며 수성은 마음속으로 하염없이 눈물을 흘렸다. 태어나고 곧 생모가 죽어서 할머니의 손에 크다가 새엄마를 맞이한 서진은 한 번도 부모의 속을 썩인 일이 없었다. 어릴 적부터 할머니에게 교육을 단단히 받았기 때문에 새엄마 밑에서 자라면서도 비뚤어진 모습을 보이지 않고 바르게 잘 자라주었다. 그런 서진이 대견하기도 하고 안쓰럽기도 한 수성이 큰아들에게 마음이 더 가는 것은 어쩔 수 없었다.

'부디 몸 건강하게 돌아오너라.'

수성은 이제 오랫동안 못 본다는 사실에 마음속으로 눈물을 삼켰지만 아들이 무사히 마치고 돌아오기를 빌고 또 빌었다.

수성은 딸 내외와 함께 집으로 향했다. 공항을 빠져 나와 최정자는 볼일이 있다며 중간에 차에서 내렸다.

"여보, 난 볼일이 좀 생겨서요. 어디 좀 들렀다 갈게요. 수진이는 아버지 저녁 차려 드리고."

"네, 알았어요. 엄마. 천천히 일 보고 오세요. 아버지는 저희랑 같이 집으로 가시면 되시죠?"

"난 집에서 해야 할 일이 있으니 어서 가자."

먼저 차에서 내린 최정자는 바쁜 걸음으로 은행으로 향했다. 며칠 내내 머릿속을 괴롭히던 문제를 해결하러 가는 참이었다. 막내아들이 어렵다는 얘기를 듣고는 잠도 잘 이루지 못했다. 결국 최정자는 수중에 있는 돈을 모아서 일단 막내아들을 도와줘야겠다고 결심했다.

집으로 돌아온 수성은 서재로 바로 들어갔다. 책상 위에 주인성에게 받아온 유언장 견본과 종이를 같이 펼쳐 놓고 천천히 써 내려가기 시작했다.

유언장

유언자 김수성은 유언장에 따라 다음과 같이 유언을 한다.

하나, 본인의 처 최정자에게는 강남구 역삼동 xx-3번지 다산오피스텔 가동 1005호와 그 부동산과 관련된 채무(현재 임대보증금 3억원)를 함께 유증하며, 예금채권 중 2억 원을 유증한다.

둘, 장남 김서진에게는 예금채권 중 2억 5천만 원을 인출하여 현금으로 유증한다.

셋, 장녀 김수진에게는 예금채권 중 5천만 원을 인출하여 현금으로 유증한다.

넷, 차남 김우진에게는 예금채권 중 2천 5백만 원을 인출하여 현금으로 유증한다.

다섯, 상기 유언장에 의해 지정한 상속재산 이외의 모든 상속재산은 모두 장학재단 설립에 사용하도록 하며, 본인이 소유한 동일주식회사 지분매각과 장학재단 설립의 책임자는 장남 김서진으로 한다.

여섯, 이 유언의 유언집행자는 주인성 변호사로 지정한다.

2009년 5월 10일 유언자 김수성 인

주소: 서울시 마포구 염리동 ㅇㅇ번지

난생 처음 유언장을 써본 수성은 한참을 자신이 쓴 유언장을 쳐다보았다. 뭔가 빠진 듯한 느낌이 들었다. 형식에 맞춰 딱딱하게 쓴 유언장과 함께 가족들에게 하고 싶은 말을 따로 남기면 좋을 것 같았다.

사랑하는 가족들에게

막상 유언장을 쓰고 나니 내가 이 세상에 없는 상황에서 가족들이 이 글을 읽을 거라는 생각에 마음이 아프구나. 사람이 언제 죽을지는 아무도 모르는 일이라서 만약을 대비해서 이렇게 유언장을 써 둔다. 내가 없더라도 어머니를 지금처럼 잘 모시고 행복하게 살아가주길 바란다.

재산상속에 대해서는 얼마 전에 나를 위해서 너희들이 마련해 온 돈의 액수를 반영시켰단다. 너희들의 마음이려니 하고 거기에 따라 재산을 물려줄 생각이다. 아버지의 유언장에 불만을 가진 사람들이 없길 바란다.

그리고 장학재단 설립에 대해서는 누구 할 것 없이 가족들 모두가 발 벗고 나서서 잘 진행시켜 주길 바란다. 내가 죽더라도 그 사업이 살아있을 동안의 나를 대변하는 뜻있는 일이 되리라는 것을 믿어 의심치 않는다. 나를 대하듯 그 사업을 가족들의 정성으로 진행시켜주었으면 한다. 가족들은 내 결정에 이의가 없을 것으로 믿는다.

너희들을 정말 사랑한다.

― 아버지가 ―

이 세상에 죽음만큼 확실한 것은 없다.
그런데 사람들은 겨우살이 준비하면서도 죽음은 준비하지 않는다.
– 톨스토이

여기까지 쓰고 수성은 몇 번이고 유언장을 다시 읽어 보았다. 그러고는 유언장을 접어 책상 서랍에 다시 고이 넣었다. 책상서랍 속에 유언장이 들어있다고 생각하니 뭔가 육중한 책임감이 느껴졌다. 언젠가 가족들이 유언장을 읽을 날이 올 테고 그때 자신은 이 세상에 없을 거라는 생각에 미치자 살아있는 동안 더 가족들을 아끼고 보듬어야겠다는 생각이 들었다. 늘 곁에 있어주는 가족들의 얼굴이 하나 하나 떠올랐다. 오늘 떠나보낸 큰아들 서진이의 얼굴이 떠오르자 가슴이 먹먹해졌다.

chapter 4

가족의
꿈을 이루어주는
가족재산

소중한 사람은 언제 떠날지 모른다.
내 부모가 될 수도 있고, 또 내 자식이 될 수 있다.
자녀들과 처음부터 가족재산 문제를 터놓고 이야기할 수 있다면
무엇보다 소중한 당신의 정신적인 가치까지 물려줄 수 있다.
삶이 힘들 때 누군가를 필요로 하는 사람에서
가족의 필요를 채워줄 수 있는 사람이 되기를 바란다.

부모의 꿈, 자식의 꿈

여행사에서 나온 수성은 여행책자를 넘기며 미소를 지었다.

'지상낙원이 따로 없네.'

펼쳐진 해변과 하늘이 맞닿아 있는 자연풍광이 한눈에 들어왔다. 아내와 여행 갈 곳을 미리 알아보고 나오는 중이었다. 수성은 뿌듯하고 벅차오르는 이 기분을 빨리 아내와 함께 나누어야겠다는 생각에 서둘러 발걸음을 재촉했다.

어제 저녁 무심히 함께 텔레비전을 보며 빨래를 개고 있던 최정자가 약간 상기된 표정으로 넋을 놓고 바라본 것은 아름다운 수중 도시 베네치아였다.

"어머나, 세상에 저 다리들 좀 봐. 어쩌면 저렇게 만들 수 있지."

최정자 역시 젊은 사람 못지않게 아름다운 것에 감동하고 설레기는 마찬가지였다. 순간 수성은 아내와 상의 없이 혼자서 상속 준비를 하고 있다는 사실을 깨달았다. 아내와 40여 년을 지치고 힘이 들 때마다 서로 끌어주며 여기까지 달려왔는데 수성은 지금 혼자 노후를 계획하고 또 상속을 준비한다는 생각이 들었다. 앞으로는 아내와 좀더 상의하고 결정을 내리는 것이 필요하다고 생각했다. 그리고 함께 해외여행을 한 건 딱 한번뿐이었음을 떠올리고는 아내에게 미안한 마음이 들었다. 사실 해외여행이라기보다는 2년 전 서진이가 있는 미국을 방문한 것이 고작이었다. 최정자는 여행할 겨를도 없이 수성을 대신해서 늘 가정을 지켜왔다. 언제나 자신을 믿고 따라준 아내가 수성은 고마웠다.

최정자의 꿈꾸는 듯한 눈을 바라보면서 수성은 그 어떤 일보다 아내와 함께 여행을 떠나는 것이 우선임을 깨달았다. 아내가 평소 동경하던 유럽을 여행하기로 마음먹은 수성은 당장 여행사로 가 상품을 알아본 것이다.

수성은 집에 돌아가 아내를 깜짝 놀라게 해줄 생각에 자꾸만 실없이 웃음이 나왔다.

"여보, 여보."

마당에 들어서며 수성은 큰소리로 최정자를 불렀다. 현관문을 열자 여러 켤레의 신발이 눈에 들어왔다.

내가 존재하는 목적은 단 한 사람에게 필요한 사람이 되기 위해서이다.
- 비 파트닝

"누가 왔나?"

방에서 최정자와 막내아들 내외가 나왔다.

"어, 너희들 이 시간에 웬일이냐?"

"여보, 우진이가 당신한테 할 말이 있대요."

낮은 목소리로 말하는 아내의 표정이 심상찮아 보였다. 우진과 소연의 얼굴도 굉장히 창백했다. 수성은 뭔가 일이 터졌구나 싶어 일단 여행책자를 감추어 놓고 거실에 앉았다.

"그래, 거기 앉아라. 무슨 일이니?"

우진이 쭈뼛쭈뼛하며 조심스럽게 말문을 열었다.

"아버지, 아버지께 이런 부탁 안 드리려고 했는데 지금 사정이 너무 안 좋아졌어요."

"영화 얘기냐?"

"네……."

"영화 잘 되어간다고 하지 않았어? 다 찍어간다면서?"

"네, 잘 되고 있는데 문제가 좀 생겼어요. 투자자 한 명이 갑자기 투자하겠다고 약속한 돈을 줄 수가 없대요. 그러고는 연락 두절이에요. 백방으로 돈을 구하러 다녀봤지만 투자금 뺐다는 소문이 도니까 무슨 문제라도 있는 줄 알고 투자해주겠다던 사람도 발을 빼는 상황이에요."

수성은 난감했다. 우진이 영화제작 사업에 뛰어들 때부터 말렸던 수성이었다. 영화라는 게 돈 먹는 괴물이라며 처음부터 난색을 표했지만,

무슨 일이 있어도 집에는 손 내밀지 않겠다는 아들의 고집을 꺾을 수 없었다. 대학 때부터 아르바이트로 광고기획 일을 하더니 매니지먼트 사업에 뛰어들어 조금씩 자리를 잡아갔다. 수성은 금전적인 도움을 준 적이 없었다. 그런 막내아들 우진을 기특하게 생각하기도 했다. 하지만 2년 전 영화제작사로 사업을 확장할 때는 위험하다는 생각이 들어 말렸다. 하지만 지금까지 수성의 도움 없이도 잘 해왔기 때문에 더 이상은 말릴 이유가 없었다.

"아버님, 저희 한 번만 도와주세요. 이런 상황까지 만들지 않으려고 정말 노력했는데, 뜻대로 되지 않아요. 이번 한번만 도와주세요."

며느리 소연도 간곡하게 부탁했다.

"너희들, 내가 영화는 위험하다고 그렇게 말렸는데 뭐라고 했니? 절대로 아버지 도움 받지 않겠다고 말해놓고 이제 와서 어렵다고 도와달란 말이냐. 내가 그 돈으로 무엇을 계획하고 있는지 다 아는 너희들이 어떻게 이럴 수가 있는 거냐. 지금이라도 그 영화사업 그만두면 안 되는 거냐?"

"아버지, 절대로 안 돼요. 이미 80퍼센트 촬영이 끝났어요. 이제 와서 엎는 건 말도 안 돼요."

수성은 한숨만 나와서 고개를 돌리고 창 밖을 바라보았다.

"돈은 얼마가 필요한 게냐?"

"아버지 10억 정도 급하게 필요해요."

수성은 입이 딱 벌어졌다. 그 돈을 투자하고 나면 받을 수 있다는 보장도 없고 장학재단 설립에도 큰 차질이 빚어질 것이 분명했다.

"아버님, 저희 영화 정말 좋아요. 감독님도 훌륭하신 분이고 분명히 흥행할 수 있어요. 투자해주시면 어떤 식으로든 꼭 돌려드릴게요. 아버님 저희로서는 지금 아버님밖에 기댈 데가 없어요. 그렇다고 여기서 영화를 엎을 수도 없고요. 저희 한번만 믿어 주세요. 네?"

"그만한 돈을 무턱 대고 줄 수는 없다. 내 재산이 어마어마하게 많은 것도 아니고 평생을 일해서 뜻있는 곳에 쓰려고 모아둔 재산을 어떻게 영화 한 편 찍는데 다 투자할 수 있겠냐. 그러다가 집안 망하는 건 한순간이야."

수성의 노기 어린 목소리에 최정자도 애원하며 나섰다.

"여보, 애들에게 한번만 기회를 주세요. 장학재단이야 애들 영화가 잘 되면 다시 돌려받아서 할 수도 있는 거잖아요. 자식이 지금 이렇게 힘들고 어려운데 부모가 도와야지 누가 돕겠어요. 여보, 우리 우진이 한번만 믿고 도와줍시다. 네?"

최정자가 사정하듯이 남편의 손에 자신의 손을 포개며 말했다.

"오늘은 일단 돌아가거라. 네 어머니와 상의해 볼 테니. 하지만 큰 기대는 하지 마라. 그 큰돈을 너희에게 투자하는 건 무리야. 네 엄마가 원한다면 조금은 투자할 수도 있겠지만 큰돈은 못 준다. 이 점 명심하고 오늘은 그만 돌아가거라."

최정자는 못마땅한 표정으로 일어나서 부엌으로 가버렸다. 우진과 소연이 돌아가고 수성은 혼자 서재로 들어갔다.

한 달 전에 은퇴한 수성은 장학재단을 세우는 일에 더 집중하고 있는 중이었다. 자산을 따져보고 앞으로 어떻게 재단 설립 자금을 조달할 수 있을지 방법을 찾는 데 골몰했다. 장학재단 설립은 자신의 인생을 담아낼 목적으로 평생을 생각해온 숙원 사업이었다. 지금부터라도 장학재단을 설립하여 어느 정도 자리가 잡히도록 만들어놓아야 진행에 무리가 없고 또 나중에 편안히 눈 감을 수 있다고 수성은 생각했다.

오늘 일은 예상치도 못한 일이었다. 노년의 삶을 계획하던 수성에게는 청천벽력 같은 일이었다. 5년 전에도 아내가 막내아들 사업을 위해 집을 담보로 대출을 받아 돈을 빌려준 사실이 있었다. 수성은 그 사실을 나중에야 알았다. 우진의 사업이 다행히도 잘 풀려 모른 채 하고 있었다.

수성은 아무리 생각을 하고 또 해도 결론을 내릴 수 없었다. 우진에게 돈을 투자하자니 장학재단 설립에 차질을 빚을 것 같고 그렇다고 투자하지 않으려니 우진이 자신의 모든 것을 걸고 제작하는 영화가 엎어질 상황이었다. 수성도 막내아들이 안타까웠다. 그리고 자식의 꿈인 만큼 도와주고 싶은 마음이 컸다. 또 이번에 도와주지 않는다면 다시는 아들과의 관계가 돌이킬 수 없는 파국으로 치달을지도 모른다는 두려

움도 생겼다.

'어떻게 해야 할까.'

이미 아내는 막내아들을 도와주자는 방향으로 결론을 내린 듯 보였다. 수성은 이마에 손을 얹고 책상 위에 올려둔 여행책자만 멀뚱히 쳐다보았다.

"당신, 이태리 어때?"

"그게 무슨 말이에요?"

수성은 TV를 보고 있는 아내에게 슬쩍 말을 걸었다.

"우리 여행 갑시다. 이제 우리도 인생을 즐길 나이가 됐잖아."

최정자는 못마땅한 표정으로 남편을 빤히 쳐다보았다.

"지금 여행이 문제예요? 우진이가 저 지경인데."

"그럼, 당신은 어떻게 했으면 좋겠어요?"

"나는 여행도 소용없고 장학사업도 뒷전이에요. 지금은 우진이 먼저 살리고 봐야죠. 부모라면 당연한 거 아니에요?"

최정자는 다시 간곡한 목소리로 수성에게 부탁했다.

"여보, 우리 우진이 이번 한 번만 도와줍시다. 네?"

"한 번만이라고? 내가 당신이 5년 전에 우진이한테 집 담보로 잡혀서 돈 해준 거 모르는 줄 알아?"

최정자는 하얗게 질린 얼굴로 말을 잇지 못했다.

"다 알고도 눈 감아준 거라고. 우진이 녀석 그때도 한 번이라고 했겠지? 하지만 여보, 그 일이 그렇게 간단한 게 아니야. 영화라는 게 아무리 부어도 밑 빠진 독이라고."

"여보, 그건 우진이가 벌써 다 갚았어요. 당신한테 말 못한 건 미안해요. 하지만 당신이 알면 절대로 안 해 줄 것 같아서 그랬어요."

"나도 평생을 일해서 이제야 뭔가 꿈꿔왔던 일을 해보려고 하는데 어떻게 선뜻 그 돈을 내 주겠어?"

"하지만 자식이잖아요. 우리는 늙은이고 애들은 한창 젊은데 부모가 힘이 못 되어주면 어떡해요. 우리 꿈도 중요하지만 애들 꿈도 중요하잖아요. 돈이 없는 것도 아니고."

최정자는 눈물을 훔치며 수성에게 부탁했다. 수성도 더 이상은 자신의 고집만을 내세울 수가 없을 것 같았다. 또 아내의 말에도 일리가 있었다. 수성이 평생을 모은 돈이었기에 어떻게 쓸 지에 대해서는 늘 수성 혼자서 결정해왔다. 좀더 일찍 아내와 가족들 이야기에 귀 기울이지 못했던 것이 후회되었다. 하지만 선뜻 아내에게 걱정 말라는 말이 입 밖으로 나오지 않았다. 이젠 결정을 해야 했다.

돌이킬 수 없는 실수

"아니, 이게 어떻게 된 일이에요?"

"아버지, 아버지."

정신없이 달려온 수진과 무성만이 눈이 휘둥그레져서 수성을 흔들었다. 최정자는 옆에서 울기만 했다.

"맞은편에 달려오는 오토바이를 피하려다 그만 가로수를 ……."

"그런데 왜 눈을 못 뜨시는 거예요?"

"글쎄 의식이 없으시다잖니."

"엄마, 아빠 어떻게 되는 거야. 응?"

병실 문이 열리고 우진과 소연이 달려왔다.

"어머님, 어떻게 된 거예요? 아버님 괜찮으세요?"

"몸은 그래도 크게 상하지 않았다는데 의식이 없으셔."

최정자가 목이 메어 말을 잇지 못하자 수진도 울음을 터뜨렸다.

"아니, 갑자기 이게 무슨 일이야. 아버지, 아버지."

우진도 수성의 팔을 잡고 흔들었지만 수성은 반응이 없었다. 마치 깊은 잠에 빠진 것처럼 보였다.

그날 밤 홍콩 지사에 나가 있던 서진이 급히 도착했다.

가족들이 모여 있는 것을 보고는 주저하면서 의사가 어렵게 말문을 열었다.

"김수성 씨는 의식불명 상태입니다. 심각한 외상은 없지만 아무래도 사고 시 충격으로 깨어나지 못하고 있는 것 같습니다. 젊은 사람들은 이 정도로 다치면 회복 가능하지만 연세가 있는 분들은 자칫 이대로 깨어나지 않는 경우가 종종 있습니다. 시간을 조금 더 두고 지켜보는 게 좋겠습니다."

"선생님, 그럼 이대로 계속 깨어나지 않을 수도 있다는 말인가요?"

의사의 설명을 들은 서진이 절망스러운 목소리로 물었다.

"일단은 지켜봐야겠지만 깨어나지 않으시면 식물인간 상태가 되는 겁니다."

"아이구, 어떡해, 선생님, 살려주세요."

최정자는 의사의 소매를 붙잡고 큰 소리로 울었다. 서진은 그런 어머니를 꼭 붙들었다.

"좀더 지켜봅시다."

의사는 확신 없는 말투로 말하고는 병실을 빠져나갔다.

가족들은 참담한 얼굴로 수성을 바라보았다. 수성은 깊은 잠에 빠져 있는 사람처럼 보였다. 병실 안에는 최정자의 울음소리만 간헐적으로 터져 나왔다.

그렇게 한 달이 지났다. 서진은 홍콩으로 들어갔고 우진과 소연은 다시 부지런히 돈을 구하러 다녔다. 수진은 집안 살림을 도맡아서 했고 무성만은 아내가 싸준 음식을 들고 자주 병실을 찾았다. 최정자는 수성의 곁을 떠나지 않고 병원을 지켰다.

그러던 어느 날 밤 병실을 찾아온 우진과 소연은 어머니를 붙들고 사정을 이야기했다.

"어머니, 저희 상황이 너무 어려워요. 지금 같은 때에 이런 말 꺼내려니 아버지께 너무 죄송하지만 이제는 더 이상 물러설 데가 없어요. 지금 다시 찍지 않으면 영화가 무산될 위기예요. 어머니 저희 좀 도와주세요. 네?"

최정자는 남편에게 매달려 있는 동안 잊고 있었던 우진의 일이 떠올랐다. 그리고 수성을 물끄러미 바라보다가 결심을 굳혔다.

"그래, 너희 아버지 언제 깨어나실지도 모르고 그 사이에 너희들 어떻게 될지도 모르는데 내가 손 놓고 있을 수만은 없다. 내일 당장 집에 가서 아버지 서재에 있는 통장을 찾아봐라. 우선 급한 대로 영화라도 진행시켜야지. 통장에 든 돈도 찾고, 담보로 대출도 받고 돈을 좀 모아 보자. 너희라도 우선 살고 봐야지."

"어머니, 고맙습니다."

우진과 소연은 어머니의 손을 잡고 머리를 조아렸다.

최정자는 아이들이 돌아가고 난 후에 수성을 보며 혼잣말로 중얼거렸다. 아무래도 배 아파 낳은 자식에게 마음이 더 가는 것은 어쩔 수 없었다. 특히 젊은 나이에 사업을 시작하여 늘 불안한 길을 가고 있는 막내아들 우진에 대한 마음 씀씀이는 더 컸다.

"여보, 날 용서해요. 우진이 형편 당신도 알잖아요. 당신도 사실은 도와주려고 했죠. 자식이 곤경에 처했는데 모른 척하는 부모가 세상에 어디 있겠어요. 나 너무 원망 말아요. 다 우리 자식을 위한 거니까. 당신 어서 깨어나서 마음껏 야단쳐요. 알았죠."

최정자는 눈물을 닦으며 수성의 손을 꼭 잡았다.

• • •

우진과 소연은 아버지 서재에 들어갔다. 마침 수진이 병원에 간 걸 알고 아무도 없을 때 온 거였다. 아버지가 오래 전부터 사용해온 오동나무 책상 위에는 장학재단 설립 계획서가 놓여 있었다. 그걸 본 우진은 마음이 좋지 않았다. 하지만 발등에 떨어진 불부터 꺼야 했다. 서랍을 열고 뒤지기 시작했다.

"여보, 통장이 여기 있네."

"어디 보자."

우진이 통장을 살피고 있는 사이에 소연이 뭔가를 발견한 듯했다.

"어, 이게 뭐야? 여보 이것 좀 봐"

"뭔데."

"유언장이야."

소연이 찾아낸 것은 김수성의 유언장이었다. 유언장에는 형 서진에게는 이억 오천만 원을, 누나 수진에게는 오천만 원을, 우진에게는 이천오백만 원을 남긴다고 적혀 있었다.

"어머나 세상에, 이게 사실이야? 근데 돈이 왜 이렇게 차이가 나?"

유언장에 적힌 상속금액을 본 소연은 놀라고 기가 막혀서 흥분된 목소리로 발을 동동 굴렀다.

"여기 적힌 금액이 사실이야? 이게 말이 돼? 도대체 이런 말도 안 되는 유언장이 어디 있어?"

우진은 유언장에 적힌 날짜를 보고 5년 전의 사건이 기억났다. 아버지가 사업이 어려우니 돈을 마련해 오라는 말에 오백만 원을 겨우 마련해 갔던 그날이 떠올랐다.

"당신 혹시 주워온 자식 아니야? 그렇지 않고서야 어떻게 같은 자식끼리 이렇게 차별하실 수 있어? 응? 아버님 정말 해도 해도 너무 하시네. 여태까지 사업자금 한 푼 안 주실 때는 그래도 다 자식들의 교육을 위해서 자립하라고 그러시는 줄 알았는데, 이제 보니 완전 당신은 이 집안에서 찬밥 신세였네."

소연은 분을 누르지 못하고 격앙된 목소리로 말했다.

우진이 바닥에 주저앉아서 잠시 생각하더니 소연에게 말했다.

"5년 전에 아버지가 사업이 어렵다며 돈을 마련해서 집으로 오라고 한 적이 있었잖아?"

"맞아. 그때 그래서 모두 엄청 당황했었잖아."

"그때 내가 오백만 원만 들고 갔잖아. 그때 형은 오천만 원을 들고 왔고 누나는 천만 원을 들고 왔거든. 그때 아버지가 우리가 마련해간 돈의 액수를 유언장에 반영시키겠다는 얘기를 잠깐 하셨어. 하지만 나도 이렇게 정확히 그때 가져간 금액을 반영해서 유언장을 작성해두신 줄은 몰랐어."

소연은 우진의 말을 듣고 더 기가 막혔다.

"그럼 딱 다섯 배네. 말도 안 돼. 아버님은 그런 시험을 통해서 유언장을 쓰신단 말이야? 난 절대로 이 유언장 인정할 수 없어. 이건 벌써 5년 전에 써 두신 유언장이야. 더구나 지금 아버님은 병실에 누워서 의식도 없으신데 만약에 저러다 돌아가시기라도 해봐. 이 유언장에 적힌 대로 우리가 유산을 물려받는다고 생각해봐. 말도 안 돼."

"그럼 어떡해? 유언장이 이렇게 있는데."

소연은 골똘히 생각에 잠겼다. 그러고는 주위를 둘러보다가 조그만 소리로 말했다.

"여보 지금부터 내 말 잘 들어. 우리 이 유언장 없애자."

"뭐?"

"어차피 유언장이 없어져도 아무도 모를 거야. 어머니도 유언장에 대해서는 모르시는 것 같던데. 그리고 아버님이 깨어나시지 않는 한 아무한테도 들키지 않아. 이런 말 미안하지만 사실 아버님은 아무래도 힘들 것 같다고 며칠 전에 의사도 말했잖아. 우리가 주저하고 있다가 갑자기 아버님이 돌아가시면 우리는 망하고 아버님 돈은 장학재단으로 다 들어가게 된다고. 이게 말이 돼? 자식은 망하게 생겼는데 유산은 다른 사람을 위해 쓰인다는 게. 당신도 생각을 좀 해 봐."

우진도 아내의 말이 틀리지 않다는 것을 인정했다. 하지만 유언장에 적힌 '가족들은 내 결정에 이의가 없을 것으로 믿고 잘 협력하여 상속을 진행시켜 주기를 부탁한다'라는 문구가 떠올라 괴로웠다.

"여보, 영화 잘 되면 그때 장학재단 설립해도 늦지 않을 거야. 일단은 우리부터 살고 봐야지. 응?"

소연은 우진에게 다가가 남편의 눈을 들여다보며 손을 잡았다.

우진은 고개를 끄덕이며 유언장을 집어 들고는 그 자리에서 유언장을 찢었다.

"에취."

형제는 세상에서 가장 얻기 어려운 것이고 재산은 얻기가 쉬운 것이다.
재산을 얻는다 해도 형제의 마음을 잃는다면 무슨 소용이 있는가?
- 소하

난데없는 재채기 소리에 깜짝 놀란 우진과 소연은 동시에 쳐다보았다. 문밖에 누군가 있는 것이 분명했다. 조심스럽게 다가가 문을 열자 무성만이 멋쩍게 머리를 긁적이며 서 있었다.

"아니, 난 무슨 소리가 들려서."

무성만을 본 우진은 깜짝 놀라 뒷걸음쳤다.

"이 시간에 왜 집에 계세요?"

"오늘부터 방학이야. 그래서 늦잠을 자고 있었는데 무슨 소리가 들려서……."

"저희 얘기 다 들으셨어요?"

"응. 본의 아니게 듣게 됐어."

우진과 소연은 난감했지만 무성만 역시 유언장을 파기했을 때 득을 볼 수 있는 사람이라는 생각에 재빠르게 미쳤다.

"매형, 저희 좀 도와주세요. 들으셨다니 알겠지만 아버지 저러다가 돌아가시면 우리는 유언장에 적힌 돈밖에 못 받아요. 하지만 유언장이 파기되면 협의분할을 할 텐데 어머니와 우리 형제들이 아버지의 유산을 협의해서 상속받는 겁니다. 사실 형님도 이 기회에 평소 원하시던 헬스클럽 하시고 유산도 많이 받게 되면 얼마나 좋아요. 저희는 지금 정말 돈이 필요해요. 80퍼센트나 찍은 영화를 여기서 엎을 수는 없어요. 이 일을 눈감아주시면 저희도 좋고 형님도 좋고. 네? 형님 부탁드릴게요."

"네, 부탁드릴게요."

우진과 소연의 간절한 부탁을 듣고 무성만은 계속 머리만 긁적였다. 사실 무성만도 두근거리고 겁이 나기는 했지만 거액의 유산을 상속받는다는 것은 상당히 욕심나는 일이었다. 영화에서나 보던 일이 현실로 이루어진다고 생각하자 입이 바짝 말랐다.

"알았어, 처남. 그렇게 해. 처남 사정이 너무 딱하니까 뭐."

"고맙습니다. 그럼 이건 우리 셋만 아는 비밀입니다."

"그래, 알았어."

우진은 한 번 찢은 유언장을 두 번 세 번 찢었다. 잘게 찢은 종이를 우진은 호주머니 속에 넣었다. 유언장은 사라졌지만 그들 셋의 마음속에서는 떨쳐버릴 수 없는 어두운 그림자가 서서히 짙게 드리워졌다.

• • •

다음날 오후 우진은 주인성의 사무실로 찾아갔다.

"웬일이냐? 네가 여길 다 오고. 아버지한테 혹시?"

"아니에요, 아저씨. 아버지는 계속 그러세요. 저 오늘은 여쭤 볼 게 좀 있어서……."

말끝을 흐리며 우진은 조심스럽게 물었다.

"혹시 아버지가 유언장을 남기지 않고 돌아가시면 어떻게 되는 건가요?"

주인성은 유언장에 대한 질문을 의아하게 생각했지만 협의분할에 대해 자세히 설명했다.

"유언장을 남기지 않고 사망하게 되었을 경우에는 법정상속인들끼리 협의분할에 들어가는 거야. 즉 남은 가족들끼리 재산을 어떻게 나눠서 상속을 할 것인지 합의를 하는 거지."

"그럼, 우리 가족들이 알아서 하면 된다는 말씀이시죠?"

"그렇지, 유언장이 없을 경우에는."

"알겠습니다. 그냥 이 근처에 볼일이 있어 왔다가 궁금해서 들렀어요. 그럼, 이만 가보겠습니다."

우진은 막연하게 알았던 법률적인 사실을 확인하고는 바삐 사무실을 나갔다.

인성은 우진의 뒷모습을 보며 한참을 생각했다. 수성의 유언장이 있다는 것을 알고 있었지만 인성은 말하지 않았다. 뭔가 내막이 있는 것도 같고 가족들이 이미 마음의 준비를 하고 있는 것도 같았다. 병원에 있는 수성을 생각하니 마음이 아파왔지만 인성은 수성이 죽기 전에는 전면에 나서지 않는 것이 좋다고 판단했다.

소연과 성만이 긴장된 표정으로 우진을 기다리고 있었다.

"여보 어떻게 됐어?"

"처남, 주 변호사님이 뭐라셔?"

"잠시만요."

우진은 갈증이 나는지 탁자에 놓인 물을 벌컥벌컥 마셨다.

"됐어요. 사망자가 유언장을 남기지 않았을 경우에는 가족들이 협의 분할에 들어가면 된대요. 아버지 얘기인 줄 아시면서도 별 말씀이 없는 걸 보면 주 변호사님도 아버지에게 유언장이 있다는 사실을 모르는 것 같아요."

"휴우, 다행이다."

소연과 성만은 그제야 긴장을 풀고 가슴을 쓸어내렸다.

"그러면 이제 어떻게 해야 하는 거지?"

"우리끼리 말해 봤자 소용없어요. 형과 함께 가족회의를 해야겠어요. 어차피 아버지가 언제 돌아가실지 모르는 상황이니까. 미리 준비한다 고 해서 나쁠 것도 없고 아버지가 항상 준비돼야 한다고 하셨으니까 미리 합의를 해 두는 게 좋다, 뭐 이런 식으로 말하면 형도 순순히 따라 올 거예요."

"장모님은?"

"걱정 마세요. 어머님은 저희 편이니까."

소연이 자신감에 찬 목소리로 말했다.

"매형은 누나나 신경 쓰세요."

"누나는 내가 어떻게 해 볼게. 사실 수진이는 형님이랑 처남보다 차

별 받는다고 생각해서 항상 얹잖게 생각했으니까 협의분할하여 공평하게 나눌 수 있다면 크게 걸고 넘어지지 않을 거야."

"알겠어요. 그건 걱정 마세요. 누나하고 공평하게 나눌 테니까."

세 사람의 얼굴에는 의기양양한 미소가 떠올랐다.

누구를 위한 협의인가

집안에 모인 가족들은 심각한 얼굴로 우진의 말을 듣고 있었다.

"아버지가 언제 돌아가실지도 모르는 상황이니까 미리 준비하자는 것뿐이에요. 형도 언제 다시 외국으로 나갈지도 모르는 상황이고 또 가족들이 이렇게 한자리에 모여 얘기하기도 어렵고 하니 이렇게 준비해 둬야 잘 대처할 수 있지 않겠어요?"

"하지만 좀 시기상조인 것 같다. 아직 아버지 돌아가시지도 않았고 난 아직도 아버지가 그렇게 되신 것도 믿어지지 않는 상황인데……."

하지만 서진의 말에 모두 잠자코 있었다. 그때 침묵을 깨고 최정자가 입을 열었다.

"아니다. 나는 우진이 말이 옳다고 생각한다. 그 양반이 따로 유언장을 남긴 것도 아니고, 막상 갑자기 돌아가시고 나면 재산 때문에 가족들 간에 힘들어질 수도 있고 서로 얘기해서 재산을 어떻게 나눌지 확실하게 얘기를 해 놔야 뒤탈이 없지, 안 그러니?"

최정자가 단호하게 말하자 서진도 더 이상 말할 수가 없었다.

"네, 맞아요, 어머님. 어차피 돌아가시기 전에 하나 돌아가신 후에 하나 마찬가지인 걸요."

소연이 말하자 수진도 기회를 놓치지 않고 말했다.

"오빠, 오빠가 한국에 있으면 모르지만 언제 외국으로 갈지 모르기 때문에 이런 게 필요한 거야. 오빠 있을 때 협의를 해야지. 아버지 때문에 지금 급하게 한국으로 들어온 거잖아."

서진은 왠지 꺼림칙하고 불편했지만 한편으로는 그 말도 틀린 말은 아니라고 생각했다.

"그러면 합의를 하자. 상속재산의 반은 어머니께 드려야 한다고 생각하는데……."

"응, 찬성이야."

모두 손을 들어 찬성했다.

"그리고 나머지는?"

수진이 머뭇거리며 조심스럽게 말을 꺼냈다.

"오빠, 사실 아버지가 우진이한테도 집 사주고 오빠한테도 홍콩에서 기반을 닦을 만큼은 지원해주셨잖아. 사실 딸인 나한테만 제대로 뭘 해주신 게 없다는 생각 안 들어? 내가 오빠나 우진이보다는 그런 걸 감안

해서 더 많이 받아야 한다고 생각해."

"아니, 집이라고 다 같은 집인가? 나한테는 24평짜리 아파트 결혼할 때 사 주신 게 다지만 형한테는 모르긴 몰라도 꽤 큰돈이 들어갔을 것 같은데. 도대체 돈이 얼마야. 게다가 형은 공부하는 동안 아버지가 돈도 가끔씩 부쳐주셨다는데 사실 아버지가 장남이라고 이때까지 얼마나 많은 혜택을 주셨는지 형은 모를 거야. 받는 사람은 잘 모르지. 우리는 항상 아버지가 형한테는 아낌없이 주신다는 걸 느꼈지만……."

서진은 동생들의 뜻밖의 얘기에 놀랐지만 아버지에게 넘치는 사랑을 받고 자란 것은 사실이었다.

"솔직히 아버지가 그렇게 오빠한테 쏟아 부으셨으니까 지금 그만큼 재산 모은 거 아니야?"

"모르긴 몰라도 형은 아버지 유산 정도는 안 받아도 크게 문제없을 정도로 돈 많을 걸."

서진은 당황스러웠지만 동생이 영화 때문에 힘들다는 얘기를 아버지한테 들었기에 아무래도 재산을 동생들에게 넘기는 것이 낫겠다는 판단이 들었다. 재산 때문에 옥신각신하는 건 서진 역시 원하지 않는 상황이었다. 평소 아버지의 유산은 아버지의 장학재단에 모두 들어가야 한다고 늘 생각해왔지만 위기에 처한 동생부터 돕는 것이 순서였다.

"난 아버지 재산에 욕심 없다. 너희들이 내 몫까지 나누어 가져도 돼."

"정말이야? 오빠?"

"형은 돈 많이 모았다더니 정말인가 보네."

"하지만 아버지가 원하시던 장학재단은 꼭 설립했으면 좋겠어. 아버지가 유언장을 쓰셨다면 분명히 장학재단에 재산의 절반 이상은 쏟아부으셨을 거야."

우진과 수진은 난감한 표정으로 말을 잇지 못했다.

"아주버님, 장학재단에 도대체 돈이 얼마나 들어가는지 알고 그러세요? 아버님 뜻은 좋지만 지금 상황에선 자식들이 하기에는 무리가 있어요. 저희가 성공해서 잘 풀리면 그때는 아버님 뜻을 받들 수 있지만 저희가 지금 남의 사정까지 돌볼 여유가 없어요."

소연의 쏘아붙이는 말투에 서진은 멈칫거렸다. 서진은 그렇지 않아도 근래에 우진과 소연에게서 뭔가 쫓기는 듯한 인상을 받았다. 그래도 아버지의 평생 소원이었던 장학재단을 포기하는 건 아버지의 뜻을 거스르는 일이었다. 어떻게 해야 할지 판단이 서지 않았다. 서진은 시원스러운 답을 내지 못했다. 하지만 자신을 제외한 가족들 모두가 원하고 있는 것은 알 수 있었다. 결국 그것은 협의분할이었다. 가족들의 합의대로 이루어지는 것이 마땅하다는 생각이 들었다.

"그럼, 알겠습니다. 가족들이 모두 원하는 대로 따르겠습니다."

동의는 했지만 착잡한 마음은 감출 수가 없었다. 상속 문제로 더 얘기를 나누는 가족들을 두고 서진은 마당으로 나왔다. 과연 잘한 일인지 확신이 서지 않았다. 두고두고 후회할지도 몰랐다. 서진의 근심 어린 한숨소리만 마당을 가득 메었다.

뼈아픈 고백

무성만은 방학 동안 장인어른의 간호를 하겠노라 자처했다. 장모님이 하루 종일 병원 생활을 하는 것이 안쓰럽기도 했고 장인에 대한 왠지 모를 죄책감 때문이기도 했다. 유언장을 파기한 이후로 무성만은 입맛도 없고 일도 손에 잡히지 않았다. 비밀을 가진다는 것이 시간이 갈수록 이렇게 자신을 옭아매는 무서운 일이 될 줄 그때는 몰랐다. 방학 동안 병원에서 먹고 자고 간호하겠다는 성만의 말에 누구보다 최정자는 반겼다. 하지만 그마저도 성만은 미안했다.

수성의 얼굴과 손발을 물수건으로 닦아주며 성만은 처음으로 장인어른의 얼굴을 자세히 들여다보았다.

'참 많이도 늙으셨네.'

주름이 가득한 장인의 얼굴을 보고 있자니 마음속에서부터 눈물이

스며 나왔다. 불현듯 처음 처가에 인사드리러 갔던 날이 떠올랐다. 시골 출신에다 가난하고 내세울 것 없는 자신을 장모님이 탐탁지 않게 여긴다는 것을 성만은 알고 있었다. 그래서 임용고시 합격을 확인하고는 인정받고 싶은 마음에 무작정 찾아가 결혼하겠다고 했다. 여전히 장모님은 자신을 맘에 들어 하지 않았지만 장인어른은 진심으로 자신의 이야기에 귀 기울여 주었다. 수진이 성만과 결혼하겠다고 선언했을 때에도 장모님은 아직 나이도 어린데 무슨 결혼이냐며 눈을 흘겼지만, 장인어른은 성만이 착하고 성실해 보이는 게 마음에 든다며 돈만 좀 모아서 전세라도 얻을 수 있는 형편이 되면 허락하겠다고 말했다. 그 시절을 생각하면 성만도 수진도 참 어렸지만 정말 빛나는 시절이었다.

　하지만 지금 눈앞에 누워 있는 장인어른을 바라보니 최근 5년이 더 행복했던 것 같았다. 처가에 들어와 살면서 아들 둘을 낳았고 돈도 어느 정도 모을 수 있었다. 수진도 성만도 분가하고 싶은 마음은 없었다. 더구나 서진이 홍콩에서 직장을 다니면서 한국에 다시 들어오기가 쉽지는 않아 보였다. 아이들 둘을 키우려면 장모님의 도움도 필요했고 여러모로 처가에서 사는 것이 더 나았다. 또한 손자들을 예뻐하시는 장인어른과 장모님은 한시라도 아이들과 떨어져 지내려고 하지도 않았다. 성만은 며칠 전의 일을 생각하니 죄스럽기도 하고 착잡한 심정으로 말없이 계속 수성의 얼굴을 닦았다.

　"아빠."

문이 열리고 윤호와 영호가 달려 들어왔다. 두 녀석은 한창 말썽 피울 장난꾸러기들이었다.

"어, 이 녀석들 왔구나."

"쉿! 병실에서는 뛰어다니면 안 된다니까."

수진이 아이들을 붙잡아 의자에 앉혔다.

"할아버지한테 인사해야지."

윤호와 영호는 수성에게 다가가 인사했다.

"그런데 할아버지는 인사해도 모르잖아."

큰아들 윤호가 말했다.

"왜 몰라. 할아버지가 아프셔서 그렇지, 너희들이 인사하면 다 알아. 다 듣고 계셔."

"정말?"

"그럼, 그런데 왜 말도 못하고 눈도 감고 있어?"

"편찮아서 그런 거야. 다 나으면 다시 예전처럼 너희들이랑 놀아도 주고 그러실 거야. 만약 너희가 아파서 누워 있는데 아빠가 말도 안 걸고 아는 척도 안 하고 그러면 좋겠어?"

아이들은 고개를 가로저었다.

"그러니까 할아버지가 아프셔도 너희가 인사도 하고 손도 잡고 이야기도 들려드리고 하면 할아버지가 다 기억하고 기뻐하실 거야."

수진이 아이들을 끌어안고 다정한 눈길로 말했다.

"아빠 좀 봐. 할아버지가 세수를 못 하시니까 얼굴도 닦아드리고 할아버지 심심하실까 봐 재미있는 이야기도 해 드리고 하잖아. 너희들도 나중에 아빠랑 엄마 아파서 누워 있으면 아빠처럼 저렇게 해줄 거야?"

"응. 엄마 내가 엄마 얼굴 다 닦아줄게."

"나도, 나도 얼굴도 닦아주고 맛있는 것도 먹여주고 할 거야."

형이 말하는 것을 이내 따라하며 영호가 말했다.

"정말? 약속했다. 우리 아들. 약속 꼭 지키기."

수진은 아이들과 손도장을 찍으며 환하게 웃었다.

하지만 그 광경을 바라보고 있던 성만의 마음은 편치가 않았다. 처지를 바꾸어 생각해 보았다. 자식을 둔 아버지 입장에서 유언장을 파기한 자식들에 대한 배신감이 얼마나 클지 충분히 짐작할 수 있었다. 도저히 용서 받지 못할 짓을 저질렀다는 생각에 성만은 후회가 밀려왔다.

"여보, 왜 그러고 있어?"

"아니야."

"당신이 정말 고생이 많다. 아버지가 비록 저렇게 누워 계시지만 돌아가시더라도 당신한테 고마워할 거야. 여보."

수진이 성만의 손을 잡고 진심으로 말했다.

수진과 아이들이 돌아가고 난 후에 성만은 수성의 침대에 머리를 묻고 흐느꼈다. 자신이 부끄러웠다. 한참을 울고 나자 마음이 좀 후련해지는 것도 같고 뭔가 행동으로 옮겨야 한다는 용기도 생겨났다. 화장실로 들어가 세수를 하고 나왔을 때 갑자기 어디선가 신음소리가 들려왔다. 놀란 성만이 침대 머리맡으로 달려갔다. 수성이 괴로운 듯 신음소리를 내고 있었다.

"아버님, 아버님, 정신이 드세요?"

성만은 달려가 간호사를 불렀다.

급히 무성만의 연락을 받고 병원으로 달려온 수성의 가족들은 모두 침대에 둘러앉아 초조하게 수성을 바라보고 있었다. 의사는 수성의 뇌파가 활발하게 운동하기 시작했다고 말했다. 그리고 곧 의식이 돌아올 테니 지켜보자고 말했다. 새벽을 함께 지새우던 가족들은 잠도 안 자고 수성을 지켜보고 있었다.

수성이 깨어나 맨 처음 한 말은 여기가 어디냐는 것이었다. 수성은 그날의 일을 전혀 기억하지 못했다. 교통사고를 당한 상황도 전혀 기억하지 못했다. 하지만 마음고생한 흔적이 역력한 가족들의 표정을 보며 자신이 엄청난 일을 당했다는 것만 짐작할 수 있었다. 다행히 외상이 크지 않았던 터라 수성은 며칠 후에 퇴원할 수 있었다. 삶과 죽음의 기로에 섰던 수성이 다시 아무 일 없다는 듯 일상으로 돌아오게 된 건 사람들이 흔히 말하는 기적이었다.

집으로 돌아온 수성에게 아내와 딸은 성만의 칭찬을 늘어놓았다. 평소에는 사위를 답답하게 바라보던 최정자도 이번 일을 겪고 나자 사위에 대한 애정이 남달랐다. 장인이 병석에 눕자 자청해서 간호하며 밤을 새웠다고 수성에게 입이 마르도록 칭찬했다. 하지만 성만은 부끄럽고 미안한 마음에 장인의 눈을 똑바로 쳐다보지도 못했다. 그건 우진과 소연도 마찬가지였다. 그들은 아버지 앞에서 제대로 말도 하지 못한 채 퇴원한 날 이후로는 집에 오지도 않았다. 수성은 뭔가 수상한 기운을 느꼈다. 자신이 의식을 잃은 사이에 무슨 일이 벌어진 게 분명했다. 그게 어떤 것인지 알 수는 없었지만 분명 뭔가 있었다. 수성은 아내에게 넌지시 물어봤지만 별 다른 기색이 없었다. 수성은 아내가 아프다거나 혹시 말 못할 일이라도 생긴 건 아닐까 싶어 걱정하며 우진과 성만을 불렀다.

"혹시 그동안 무슨 일이라도 있었던 거냐? 속 시원하게 말 좀 해봐."

우진과 성만은 서로 눈치만 보고 있었다.

"어서 말해 보래도!"

우진은 고개를 푹 숙이고 바닥만 쳐다보고 있었다. 성만은 장인의 목소리에 덜컥 겁부터 났다. 꼿꼿하게 앉아 있는 장인의 표정이 심상치 않았다. 안절부절못하고 불안해하는 성만의 눈을 수성은 뚫어지게 쳐다보았다. 성만은 조바심이 나고 두려운 나머지 눈물을 쏟았다.

"자네, 왜 이러나. 무슨 일 있는 건가?"

무성만은 울먹이면서 그동안 있었던 일을 털어놓았다. 이야기를 듣고 있던 수성의 표정이 차츰 굳어갔다.

"아버님, 정말 죄송합니다. 저희가 돈에 눈이 멀어 하지 말아야 될 일을 했어요. 흑흑. 누구보다 아버님을 가까이서 모셨던 제가, 아버님의 신념을 받들어야 할 제가 그만 순간 욕심에 눈이 멀었어요. 처남도 형편이 너무 어려워서 다른 방법도 없고…… 용서해 주세요."

눈물을 쏟으면서 성만은 머리를 숙이고 용서를 빌었다. 우진은 아무 말 없이 눈물만 뚝뚝 흘리고 있었다.

수성은 상상조차 하지 못했던 일에 억장이 무너져 내렸다.

'내가 의식을 잃은 동안 이런 일이 벌어지다니. 어떻게 내 자식들이……. 내가 자식들을 잘못 가르쳤구나.'

수성은 자괴감과 분노를 억누를 길이 없어 손이 부르르 떨렸다.

"너는 입이 없어? 왜 말을 못해?"

우진은 고개를 들지 못했다. 차마 고개를 들 수가 없었다. 지은 죄가 너무 무거워서 도저히 아버지의 눈을 바라볼 용기가 나지 않았다.

"너희들은 자식도 아니다. 자식이 어떻게 그럴 수가 있어? 아버지가 죽기도 전에 유언장을 파기하고 멋대로 결정하고……. 내 자식들이 이럴 수가 있냐? 어떻게 그럴 수가 있어."

우진은 고개를 들지도 못하고 흐느끼며 말했다.

"죽을죄를 졌습니다. 흑흑흑."

"그게 어떤 유언장인지는 알고 그런 일을 저지른 거냐? 그건 5년 전에 연습 삼아 써 둔 유언장일 뿐이야. 그때 처음으로 유언장 형식에 맞춰 그냥 한번 써 본 거라고. 실제로 그걸 유언장으로 쓰려고 한 건 아니란 말이다. 그 이후로도 몇 번이나 유언장을 다시 썼어. 진짜 유언장은 은행의 대여금고 속에 들어가 있다. 내가 죽으면 공개되었겠지. 아들, 며느리, 딸, 사위에게도 모두 유산을 남겼는데……."

유언장이 금고에 있다는 말을 들은 우진은 자신이 저지른 엄청난 일에 몸을 떨었다.

수성의 목소리도 가늘게 떨리고 있었다.

"하지만 이제 너희들을 자식으로 생각하지 않을 거다. 너희가 어떻게 내 자식들이야? 자식으로 인정할 수도 없고 내 재산을 한 푼도 줄 수 없다. 당장 나가거라! 내 집에 발 붙일 생각도 말고 무 서방도 어서 집 구해서 나가! 꼴도 보기 싫으니까."

수성의 불호령에 성만은 더욱 서럽게 울기 시작했다.

"무슨 일이에요?"

"왜 그래요?"

놀란 수진과 최정자가 방문을 열고 들어왔다.

"모두 꼴도 보기 싫으니까 나가! 나가라구!"

수성은 호통을 치며 서재에서 가족들을 쫓아냈다. 울던 성만과 우진이 최정자와 수진의 손에 이끌려 밖으로 나가자 수성은 머리에 손을 얹고 수심에 잠겼다.

'내가 이대로 죽었더라면 우리 집은 또 다시 상속 문제로 깊은 수렁에 빠지고 아이들도 죄의식과 괴로움에 허덕였을 게 분명하다.'

수성은 그제야 그날 아침 일찍부터 자신이 어디로 가는 길이었는지 떠올랐다. 은행에 가는 길이었다. 막내아들 우진에게 돈을 마련해주기로 결심을 굳히고 은행을 가는 길이었다. 몇 날 며칠을 고민하다가 먼저 급한 우진이부터 도와주어야겠다고 결심했던 것이다.

하지만 지금 자식들이 저지른 일은 절대 그냥 넘어갈 수 없는 범죄였다. 아무리 상황이 급하고 어렵다 해도 정당화될 수 없는 일이었다. 가족들과 상의도 없이 자신들의 이익을 위해 아버지의 뜻을 저버린 행동을 용서할 수는 없었다. 수성은 현명하게 대처할 수 있을까, 고민하고 또 고민하며 밤을 지새웠다.

다음날 아침부터 집으로 찾아온 사람은 주인성이었다.

"자네 이제 정말 괜찮은 거지? 나도 자네 때문에 십년감수했네."

"괜찮아, 내가 여러 사람한테 걱정을 끼쳤네."

"죽었다 살아 돌아온 사람이 안색이 왜 그렇게 안 좋아?"

수성은 조심스럽게 방문을 닫고 인성에게 털어놓기 시작했다.

"사실은 내가 병원에 누워 있는 사이에 믿을 수 없는 일이 벌어졌어. 정말 내 자식들이 그럴 줄은 몰랐네."

"무슨 소리야?"

"사고 나기 전에 우진이 사업을 두고만 볼 수 없어서 돈을 찾으러 가던 길이었네. 장학재단도 중요하지만 아들이 망하고 나면 그게 다 무슨 소용일까 싶어 큰맘 먹고 도와주기로 했지. 그런데 그런 것도 모르고 내가 병원에 있는 사이에 애들이 작당을 하고 유언장을 파기한 모양이야."

"아니, 정말 그런 짓을 저질렀단 말인가?"

인성은 얼마 전 우진이 찾아왔던 것을 떠올렸다.

"그랬구나. 사실은 우진이가 나를 찾아왔었어."

"그래? 뭐라던가?"

"유언장이 없는 경우에는 상속절차가 어떻게 되냐고 묻더라고. 그래서 가족들끼리 협의분할을 하면 된다고 얘기해줬지."

"그때 내 유언장이 따로 있다는 사실을 왜 말하지 않았나?"

"난 자네가 절대 죽을 거라고는 생각하지 않았거든. 자네가 유언장을 쓴 사실을 가족들에게 비밀로 했는데 구태여 내가 말할 필요는 없잖나. 난 자네가 깨어날 거라고 믿었으니까."

"만약에 안 깨어났으면 어쩌려구?"

"허허. 안 깨어나고 그대로 갔으면? 뭐 그때 말해도 늦지 않잖아. 자네가 비밀로 했으니까 내가 그 비밀을 지켜준 셈이라고 할까?"

수성의 굳은 표정은 풀리지가 않았다.

"아무래도 내가 자식교육을 잘못 시킨 것 같아. 어떻게 내가 누워 있는 동안 그런 엄청난 일을 저지르고 부모의 뜻을 쉽게 저버릴 수 있는지. 이제까지 내가 헛살았다는 생각밖에 들지 않네."

주인성이 한참을 생각하더니 차근차근 말했다.

"내 생각에는 자네가 유언장에 대해 가족들과 공감대를 제대로 만들지 못해 벌어진 일이라고 생각하네. 자네가 미리 상속을 준비하고 재산이 어떻게 쓰일지에 대해서는 가족들과 충분히 이야기를 나누었다고 하지만, 유언장을 공개하지 않았기 때문에 자네가 얘기했던 것들이 다소 현실감이 없게 받아들여지기도 했을 거야. 이번 일을 계기로 가족들에게 유언장을 공개하고 함께 논의하고 설득하는 과정이 필요한 것 같아. 사람들이 보통은 유언장을 작성해도 가족들에게 공개하기를 꺼리는데 그건 잘못된 생각이야. 유언장이 실체화되지 못하고 막연하게 다가오게 되거든. 가족들이 좀더 현실적으로 받아들이기 위해서는 유언장을 공개하는 것이 정말 중요해."

"그럼 이번 기회에 유언장을 공개하란 말이지."

"특히 이런 일을 겪었으니 자네의 경우에는 유언장 공개를 꼭 고려해보게. 그리고 가족들 모두에게 말하는 것도 중요하지만 가족들과 일대일로 이야기해 보는 것도 중요해. 한 사람 한 사람 따로 얘기를 해보면 그 사람이 어떤 생각을 가졌는지도 잘 알 수 있고 그 사람을 설득하기도 훨씬 쉽다는 걸 알게 될 거야. 상속 문제에 있어서는 무엇보다 원만한 합의가 중요하니까 자네가 왜 이렇게 유언장을 작성하게 되었는지, 충분히 가족들을 설득해야 하지 않겠나?"

수성은 그 말에 일리가 있다고 생각했다.

"그리고 유언장 파기는 법적으로 상속결격사유에 해당하기 때문에 우진이는 상속권자 자격을 박탈당하는 거야. 물론 자네와 자네 가족들이 그 일을 덮어둔다면 문제되지 않겠지만."

"사실 어떻게 해야 할지 잘 모르겠어."

"일단은 아이들과 얘기해 보게. 다 그럴 만한 사정이 있었을 테지."

수성은 지금의 사태를 해결할 방안은 우선 유언장을 공개하는 것이 최선임을 깨달았다.

수성은 입맛이 없어 온종일 밥도 먹지 않았다. 분명 자신에게도 잘못이 있다는 걸 깨달았지만 우진을 그냥 용서하기에는 아들의 잘못이 너무 컸다. 궁지에 몰린 우진에게 아버지의 돈은 분명 큰 유혹이었을 것이다. 먼저 자신이 우진을 도울 의사가 있음을 밝혔어야 했다. 아니, 우진이 도움을 청했을 때 선뜻 아버지로서 도움을 주었어야 했다. 돈이 있으면서도 그 돈을 가족들이 힘들고 어려울 때 쓰지 않고 다른 일을 위해서 쓴다는 것은 아이들로서도 도저히 납득할 수 없는 일이었을 것이다. 재산을 사용하고 상속을 계획하는 것은 수성 혼자만의 일이 아니라 분명 가족들 모두가 함께 계획하는 일이라고 늘 생각해왔음에도 불구하고 수성의 뜻에 따르라고 강요한 셈이 되었다.

그때 노크 소리와 함께 방문이 열리고 우진이 들어왔다.

수성은 잔뜩 인상을 구기고 우진을 쳐다보았다.

"여긴 왜 왔어?"

"아버지, 다시 용서를 구하고 싶어서 왔습니다."

"아무리 그래도 널 용서하지 못한다."

"저도 염치가 있지, 차마 용서해 달라는 말은 못하겠어요. 아버지 저 용서하지 마세요. 제가 뭐에 씌었는지 한 가지 생각밖에 못했어요. 오로지 영화 생각밖에 안 나더라구요. 조금만 더 찍으면 되는데, 이것만 찍으면 제가 이제까지 고생했던 게 결실을 맺는데, 이 생각밖에 안 들어서 저한테 실망할 우리 가족들은 미처 생각 못했어요. 제가 이렇게 나쁜 놈인 줄 저도 몰랐어요. 사람이 이렇게 추해질 줄은 정말 몰랐어요. 흑흑. 아버지에게 자랑스러운 아들이 되고 싶었는데……. 죄송해요. 죽을죄를 졌다는 거 알아요. 그래도 아버지께 용서를 구하고 싶어요."

눈물을 흘리며 용서를 구하던 우진은 일어서서 조심스럽게 방을 나갔다.

수성은 마음속으로 이미 우진을 용서했지만 쉽게 우진을 용서했다는 말이 입 밖으로 나오지 않았다. 여전히 노기 띤 얼굴로 우진을 노려보기만 했다. 하지만 마음이 무거웠다. 서진이만큼 우진에게 사랑을 주지 못했던 것은 아닌가 하고 자책했다. 우진이 언제나 아버지에게 자랑스러운 아들이 되고 싶어 했던 것을 잘 알고 있었기에 더더욱 그랬다.

가족이 함께 쓰는 유언장

"엄마, 도대체 무슨 일이에요?"

수진이 걱정스러운 표정으로 조심스럽게 물었다.

"글쎄 너희 아버지가 말을 안 한다. 저 양반이 또 어쩌시려고 그러는지 불안해 죽겠구나."

최정자도 주방에서 음식준비를 하면서 한번씩 거실에 앉아있는 수성을 쳐다보았지만 수성은 꼿꼿하게 앉아서 말이 없었다. 수진과 성만은 수성이 호통을 친 이후로 집을 알아보러 다니는 중이었다. 며칠 전 우진이 다녀간 이후에 수성은 다시 가족들을 불러 모았다.

아버지로부터 호출을 받은 아이들은 무슨 일이냐며 어머니에게 다시 전화를 걸었다. 하지만 최정자도 도무지 영문을 모르겠다며 모두 모아 놓고 할 말이 있다는 말뿐이라고 전했다. 최정자는 남편의 상심이 전해져 내내 마음이 아팠다. 하지만 자신에게도 책임이 있기 때문에 섣불리 다가가 말을 걸기가 어려웠다. 미안한 마음만 더 커져 눈물 훔치는 일이 많았다.

수성이 깨어나면서 서진은 홍콩에서 서울 지사로 들어왔다. 아무래도 부모님 곁을 지키는 게 중요하다고 생각했다. 서진은 제일 먼저 도착하여 아버지의 몸을 살피고 아버지와 바둑을 두었다. 성만은 안절부절못하면서 주방과 거실을 왔다갔다했다. 곧 이어 우진과 소연이 도착했다. 한결 수척해진 얼굴이었다. 수성과 서진은 내내 아무 말 없이 바둑만 두었다. 바둑을 두는 그들 옆으로 우진과 소연, 수진과 성만은 무릎을 꿇고 앉았다. 이따금 바둑알을 놓는 소리만 들릴 뿐 정적이 감돌았다. 얼마나 흘렀을까. 기묘한 침묵을 참다 못한 최정자가 소리를 빽 질렀다.

"여보, 애들을 불렀으면 말을 해야죠. 도대체 언제까지 이러고 있을 거예요?"

수성은 바둑판을 물렀다.

"내가 이렇게 오늘 모이라고 한 건 우리 가족들이 함께 결정할 일이 있어서야. 내가 잠들어 있는 동안 우리 집안에 크나큰 문제가 발생했다. 다들 알겠지만 나는 너희들이 그런 짓을 했다는 사실이 도저히 믿기지가 않아 너무 괴로웠다."

"아버님, 죽을죄를 졌어요. 흑흑."

소연이 먼저 울음을 터뜨렸다.

"여보, 사실은 내가 그러라고 했어요. 내가 애들한테 당신 통장에 돈 찾아서 급한 불부터 끄라고 했어요. 어떡해요. 당신은 의식도 없고 애들은 당장 돈이 없어서 망하게 생겼는데 그걸 그냥 두고 볼 부모가 세상에 어디 있어요. 원망을 하려거든 나한테 하세요. 내가 그러라고 시켰어요. 여보."

최정자가 가슴을 두드리며 앞으로 나섰다.

"아니에요, 어머니. 제 잘못이에요. 어머니 말대로 서재에서 통장만 가지고 나갔으면 됐는데 제가 한순간 욕심에 눈이 멀어서 그랬어요. 아버지는 의식불명이시고 의사는 가망 없다고 하고 저희는 돈이 급하고 아버지 돌아가시면 저는 영화제작도 못 해보고 망할 것 같았어요. 순간적으로 이 유언장만 없애면 아버지의 유산으로 영화를 계속 제작할 수 있겠다는 생각이 들었어요. 제가 그때 잠깐 돌았나 봐요. 사람이 코너에 몰리면 어떻게 되는지 알겠더라구요. 아니, 모두 제 잘못이에요. 아버지의 돈을 제 돈으로 잠시 착각하고 제 마음대로 유언장을 없앴어요. 아버지가 평생을 계획해온 일을 제 마음대로 무산시키고 눈앞의 일만 생각했어요. 아버지 정말 어떤 벌을 내리셔도 달게 받을게요."

아버지를 제대로 쳐다보지도 못한 채 우진은 무릎을 꿇고 빌었다. 성만도 따라 무릎을 꿇고 눈물을 흘렸다.

"아버님, 제가 잘못했어요. 5년을 모시고 산 아버님을 그렇게 속이고……. 흑흑흑.”

“아버지, 우리가 잘못했어요. 한번만 용서해 주세요.”

그때 서진이 무릎을 꿇었다.

“아버지, 저에게도 잘못이 있습니다. 저는 이런 상황인지도 몰랐어요. 우진이가 그렇게 상황이 어려운 줄도 몰랐고 그 정도로 절박한 줄도 몰랐어요. 사실 제가 한국에 없으니까 집에 무슨 일이 있는지도 모르고 아들 노릇, 형 노릇, 오빠 노릇 제대로 못했어요. 저를 먼저 꾸짖어 주세요. 형이 가까이 있었다면 우진이가 어려울 때 분명히 저한테 상의를 했을 텐데 가족들을 살피지 못한 제 책임이 큽니다. 저 살기 바빠서 동생들이 어떻게 사는지도 몰랐어요. 다 제 잘못이니까 먼저 저를 꾸짖어주세요. 그리고 우진이가 그런 상황에 처할 때까지 가족들은 도대체 무엇을 했나 하는 생각이 들어요. 어머니뿐만 아니라 저도 그렇고 지금 가족들 모두가 같은 심정일거에요. 그러니 아버지가 이번 한 번만 우진이 처지를 생각해서 용서해 주세요.”

수성은 눈물범벅이 된 아이들 얼굴을 보자 마음이 아팠다.

“여보, 아니에요. 다 내 잘못이에요. 내가 우진이한테 통장에 돈 다 찾으라고 할 때부터 어떻게든 우진이를 도와주려고 했어요. 내가 우진이 안 되는 걸 보고 어떻게 맘 편히 살 수가 있겠어요. 당신은 병원에서 의식불명 상태지 우진이랑 소연이는 발 동동 구르고 있지. 우진이가 아니라 나라도 그렇게 했을 거예요. 그러니 나를 원망해요.”

가족관계의 함정은 사랑의 함정과 같다. 서로 너무 잘 알고 있기 때문에
나를 설명하지 않아도 된다는 생각이 불화의 씨앗이 된다.
- 데보라 태넌

최정자는 수성 앞에서 무릎을 꿇었다.

"당신까지 정말 왜 이래, 일어나요."

수성은 아내의 손을 잡았다.

"나도 생각해보니 큰 잘못을 한 것 같아. 오늘은 가족들과 합의할 부분도 있고 해서 모이라고 한 거야."

가족들은 눈을 동그랗게 뜨고 수성을 쳐다보았다.

"상속을 하기 전에 가족들과의 합의가 있어야 한다는 걸 잊고 있었다. 오로지 나 혼자만 결정하고 가족들에게는 따라주기만을 강요했던 것 같아. 이 돈은 우리 가족의 가치를 위해 쓰이는 건데 나는 그것이 오로지 장학재단을 세우고 뜻있는 일에 쓰는 것이라고 잘못 생각해왔다. 가족들과 합의된 사항이라 믿었는데 오로지 내 생각만 강요했던 게야. 우진이를 먼저 도와주었어야 했는데 벼랑 끝에 몰린 자식을 나 몰라라 했던 내 불찰이 크다."

"아니에요, 아버지. 다 제가 잘못한 겁니다."

우진이 설움에 복받친 눈물을 쏟았다.

"그래, 우리 둘 다 책임이 있어. 하지만 이거 하나만큼은 알아두었으면 좋겠구나. 사실 사고가 나던 아침에 나는 은행에 가고 있었어. 너를 도와줘야겠다고 전날 밤 결심하고 돈을 얼마나 마련해줄 수 있을지 타진해보러 은행에 가던 중이었다. 그러니 내가 너무 널 무심하게 버려두었다고는 생각하지 않았으면 좋겠구나."

"아버지."

우진이 수성을 와락 껴안았다.

수성도 우진을 껴안고 눈물을 쏟았다.

"내 너희들에게 보여줄 것이 있다."

수성이 서재에서 가지고 나온 것은 서류 봉투였다.

"이게 진짜 내 유언장이다."

가족들은 봉투에서 꺼낸 유언장을 신기한 눈으로 쳐다보았다.

"우진이 네가 없앤 유언장은 5년 전에 작성한 거다. 너희들 모두 기억하고 있겠지? 5년 전 사업이 어려우니 다들 아버지를 도울 수 있을 만큼의 돈을 준비해오라고 했지. 그때 서진이는 오천만 원을 가지고 왔고 수진이는 천만 원, 우진이는 오백만 원의 돈을 챙겨 왔지. 그때 그런 시험을 했던 건 너희의 경제적인 필요와 가족재산에 대한 헌신을 살피고자 한 것뿐이야. 그러고 나서 연습 삼아 유언장을 한번 써 봤단다. 너희가 가져온 돈을 단순히 반영시켜서 말이야. 그때 작성한 것이 우진이가 파기한 유언장이다. 나는 우리 가족을 위해 늘 유언장 다듬는 것을 무엇보다 중요한 사명이라고 생각했단다. 그래서 항상 최종으로 작성한 유언장은 거래은행의 대여금고 속에 보관해놓았어. 될 수 있으면 가족들 모두 공평하게 나누어주고 도움이 필요한 가족들에게 좀더 많이 남겨주면 좋겠다는 생각을 했지."

가족들은 5년 전 그날을 떠올리며 숨을 죽이고 김수성의 이야기에 귀를 기울였다.

"너희가 대학을 졸업하고 가정을 이루면서 너희와 너희 엄마에게 필요한 것이 무엇일까 늘 고민했었다. 물론 너희 어렸을 때부터 매달 수입의 일정액을 가족들 각자의 몫으로 생각하고 적금과 장기저축성보험으로 재정적으로 준비해왔단다. 20년 이상 꾸준히 너희 각자의 몫으로 돈을 모았더니 꽤 큰돈이 되더구나. 나는 그 돈은 내 것이 아니라고 늘 생각했어. 물론 그 몫을 미리 가져간 사람도 있고, 아직 그러지 못한 사람도 있지만, 나는 우리의 가족재산이 우리 가족을 지켜주는 아름다운 버팀목이 되기를 정말 원했다."

수성이 오래 전부터 준비해온 유언장과 가족 재산 이야기에 서진이를 비롯하여 수진과 우진은 아버지의 세심한 배려에 놀라는 눈치였다.

"내가 아플 때 나를 간호해준 무 서방도 우리 가족이고, 우리 며느리 소연이도 내겐 귀중한 가족이다. 여기 이 유언장에 따르면 너희 어머니에게 집과 시골 땅, 현금 삼억을, 그리고 서진이와 수진이, 우진이에게 현금 이억씩 소연이와 무 서방에게도 각각 종신형연금보험 일억 오천짜리 통장을 유산으로 남긴다고 되어 있다. 오늘 너희들을 여기 오라고 한 건 상속에 대해 함께 상의하고 싶어서야."

"아버지, 아버지 유산은 받지 않겠습니다."

아버지의 그런 뜻도 모르고 덜컥 일을 저지른 우진은 더욱 죄스러운 마음이 커졌다.

"내 조만간에 유언장을 다시 쓸 계획이다. 하지만 그 전에 가족들의 뜻이 어떠한지 너희들의 의견을 들어보고 싶구나. 상속은 유언을 통해 그 가족의 가치를 드러내고 가족재산을 지키는 것이니까 우리 가족 모두를 위한 방향으로 함께 논의하는 것이 옳다고 본다. 그런 의미에서 가족들과 충분한 합의가 이루어졌다고 생각했었는데 이런 일을 겪고 보니 그것도 충분하지는 않았다는 생각이 드는구나."

아버지의 깊은 뜻을 헤아리자 우진은 눈물이 왈칵 쏟아졌다. 침묵 속에서 우진의 작은 흐느낌만 새어 나왔다. 침묵을 깨고 서진이 천천히 말했다.

"아버지, 5년 전 아버지께서 돈을 마련해 오라고 하신 뒤 그만큼 유언장에 반영하신다고 말씀하셨어도 우리들은 크게 개의치 않았어요. 그래서 돈을 적게 마련해 왔던 수진이나 우진이도 아버지에게 어떻게 그럴 수가 있냐고 말 한마디 하지 않았잖아요. 불만을 표시하지도 않았고요. 우리는 금방 잊어버렸어요. 저희는 아버지의 유산에 기대하는 바가 없었거든요. 아버지가 우리 어릴 적부터 장학재단을 설립하고 싶다고 늘 말씀하신 것을 잊지 않았어요. 저희한테 이유 없이 큰돈을 주신 적도 없고 화려하게 결혼식을 치러 주신 적도 없고 늘 검소하고 형편에 맞게 살라고 일러주셨잖아요. 우리는 아버지가 거액의 유산을 남기시리라 생각해본 적이 한 번도 없어요. 그건 수진이나 우진이도 마찬가지일 거예요. 5년 전 그날도 나중에 우리끼리 얘기했어요. 어차피 아버지가 우리한테 주실 것도 아닌데 뭐, 하고요. 아버지가 땀 흘려 버신 돈으로 아버지가 평생을 꿈꿔오신 장학재단을 설립하시는 게 당연해요."

수성은 서진의 말을 가만히 듣고 있었다.

"그런데 우진이가 왜 그런 짓을 했냐고 물으시면 우진이가 가족이라는 사실을 잠시 잊고 있었기 때문일 거예요. 우진이도 그렇고 우리들 모두도 그렇고요. 우진이도 잠시 가족보다 자신의 처지를 먼저 생각했고 우리 가족들도 우진이 처지보다 어쩌면 자신의 처지를 먼저 생각했기 때문인지도 몰라요. 저는 지금이 5년 전 아버지가 사업이 어렵게 되었으니 각자 가져올 수 있는 만큼의 돈을 가져오라고 하시던 그때의 상황과 같다고 생각해요. 단지 아버지가 아니라 우진이라는 거죠. 저는 그때나 지금이나 같아요. 아버지가 아니라 우진이라도 저는 제가 도울 수 있는 최선의 것으로 도울 거예요. 동생이 어렵다면 어떻게든 도와야죠. 아버지, 영화가 80퍼센트나 촬영을 마쳤다는데 나머지 20퍼센트는 우리 가족의 힘으로 마칠 수 있게 도와줬으면 해요."

서진의 이야기에 가족들은 모두 눈시울이 붉어졌다. 그런 자식들을 지켜보는 것만으로도 수성은 가슴이 뿌듯했다. 이번 사건이 가족들에게 오히려 약이 되어준 것 같았다.

"오빠, 그래 우리도 집 사려고 모아둔 돈 좀 있어. 그렇지 여보?"

수진이 성만의 옆구리를 툭 치자 성만이 고개를 끄덕였다.

최정자는 서진의 어깨를 끌어안고 눈물을 쏟았다.

247

수성은 서진의 말을 들으며 내심 흐뭇했다. 서로를 위하는 모습을 보니 지금까지 인생 헛 살지는 않았다는 생각이 들었다.

"형……."

우진과 소연은 끝내 말을 잇지도 못한 채 눈물만 흘렸다.

"그럼 그 영화는 우리 가족이 투자자가 되는 거야? 와 멋지다, 완전 우리 가족의 영화네."

"정말 그러네."

조금 전까지만 해도 눈물을 흘리던 성만이 웃으며 장난을 쳤다.

"아버지, 아버지도 우진이 한 번만 도와주세요. 네?"

수성은 짐짓 말을 아끼며 우진에게 물었다.

"우진아, 너 그 영화 정말 자신 있냐?"

"네, 아버지. 여기 제 인생을 걸었어요."

우진이 고개를 들어 조심스럽게 대답했다.

"그렇다면 나도 그 영화에 투자하마."

"와 정말요? 역시 우리 아버지야."

수진이 호들갑스럽게 웃으며 아버지를 끌어안았다.

"하지만 조건이 있다."

가족들은 긴장한 얼굴로 수성의 다음 말을 기다렸다.

"이 조건을 지킨다면 투자할 생각이 있다. 이제부터 앞으로 평생 네가 영화제작을 해서 들어오는 수익금의 20퍼센트는 장학재단에 기부한다는 조건이다. 그리고 내가 죽고 나서도 장학재단에 꾸준히 기부하고 적극적으로 참여하는 조건이야. 투자라는 게 그렇게 아무 조건도 없이 하는 게 아니야. 나도 오래 사업을 해 온 사람인데 조건도 없이 투자할 수는 없지. 약속을 해주면 내가 투자하마. 어때?"

"정말이세요? 아버지, 감사합니다. 제가 아버지의 뜻을 이어받아서 적극적으로 장학재단을 위해 일하겠습니다. 정말 고맙습니다. 아버지."

우진이 눈물범벅이 된 채로 웃으며 수성의 품에 안겼다.

"그럼 서류로 작성을 해야지. 아무리 자식이라도 이런 건 구두로 약속하는 게 아니거든."

수성은 웃으며 우진의 등을 쓰다듬었다.

"모두들 고생 많았다. 내가 사고가 난 다음부터 몸고생, 마음고생, 어느 하루 편한 날이 없었구나. 하지만 이런 시련과 역경이 모두 우리 가족을 더 다져주고 진정한 상속의 의미를 깨닫게 해 주는 과정이었다는 걸 잊어서는 안 된다. 이번 일로 나도 많이 배웠지만 너희들도 많은 걸 깨달았으리라고 생각한다. 가족이라는 것이 굉장히 견고해 보여도 한순간의 실수로 풍비박산 날 수도 있고 쉽게 무너져 내릴 수도 있는 거란다. 깊은 사랑과 믿음으로 서로를 보듬어주어야 가족도 온전히 유지하고 발전할 수 있다. 더 나아가서 우리 집안의 인생 가치를 후손들에게 물려주려면 우리가 늘 그것에 대해 생각하고 행동해야겠지."

"네, 아버지."

누가 먼저라고 할 것도 없이 동시에 대답이 나왔다.

"그럼, 아빠. 우리 이사 안 나가도 되는 거죠?"

"왜? 집에서 나가고 싶은 거 아녔어?"

"아닙니다. 장인어른, 절대로 아니에요. 나가라고 말씀만 하지 않으시면 저희들은 여기서 죽을 때까지 살 겁니다."

수성은 빙그레 웃으며 고개를 끄덕였다.

"그런데 여보 뭔가 허전하지 않아? 나 아무래도 배가 고파서 이런 것 같아."

성만이 배를 움켜쥐고 시계를 보니 저녁 8시가 훌쩍 지나 있었다.

"어머니, 저 배고파요. 어머니가 끓여주신 된장찌개 먹고 싶어서 달려왔는데 밥 좀 주세요."

"그래, 아이구. 내 정신 좀 봐라, 너희들 주려고 갈비도 재어 놨는데."

가족들은 활기를 되찾았다. 식탁 위에는 금세 차려낸 따끈따끈한 음식이 하나둘씩 차려졌다.

가장 든든한 힘, 가족

"자, 떨리는데요. 발표하겠습니다. 대한민국 영화대상 대상은……. 축하드립니다. '즐거운 우리 집'입니다. 이준호 감독의 '즐거운 우리 집'은 올 올해 천 만 관객을 극장으로 불러들인 작품이죠. 칸 영화제에서도 후보작에 오르는 등 작품성과 흥행 두 마리 토끼를 다 잡아 대한민국 영화계에 파란을 일으켰습니다. 수상소감은 제작사 대표인 김우진 님께서 해주시겠습니다."

"감사합니다. 감사합니다. 저희 영화를 만들면서 함께 고생한 모든 스탭들과 배우 여러분, 그리고 이준호 감독님, 모두 고맙습니다. 저희 영화는 사실 제작 위기를 겪으면서 한때 촬영이 중단되기도 했습니다. 하지만 저를 믿고 물심양면으로 지원해주신 저희 가족들에게 이 영광을 돌리겠습니다. 아버지, 감사합니다. 투지 하나만 믿고 영화에 뛰어든

저를 위해 평생의 숙원이셨던 장학재단 설립을 미루면서까지 도와주셨는데 아버지와의 약속대로 앞으로도 영화 수익금의 20퍼센트를 장학재단과 어려운 이웃을 위해 기부하겠습니다. 마지막으로 아버지에게 부끄럽지 않은 아들이 되겠습니다. 감사합니다.”

우진은 참았던 눈물을 쏟았다.

• • •

“대상이다, 대상!”

박수와 환호성이 집이 떠나가도록 울렸다. 최정자는 소매 끝으로 눈물을 훔쳤다. 텔레비전을 통해 시상식을 지켜보던 가족들은 서로를 부둥켜안고 울고 또 웃었다. 성만은 오랜만에 붉은 악마 티셔츠까지 꺼내 입고 영화제를 보는 내내 손뼉을 치며 응원전을 펼치다가 목이 쉬었다. 영화가 개봉하고 난 후부터 흥행에 성공하면서 감동은 계속되어 왔지만 오늘은 그 절정에 달했다. 수성은 가족들의 결정이 헛되지 않았다는 사실에 마음속으로 눈물을 흘렸다.

불현듯 수성은 할머니와 어머니가 못 견디게 그립고 보고 싶었다. 감을 먹여주시던 할머니의 따뜻한 웃음, 어려운 시절에도 함께 웃고 울던 할머니와 어머니의 강인한 정신, 할머니가 돌아가시고 집에서 쫓겨나 어머니와 길에서 부둥켜안고 울던 일, 단칸방에서도 좌절하지 않고 가

인생은 짧고, 당신의 아이들이나 친구들 그리고 사랑하는 사람들이 내일도 당신 곁에 남아줄 지는
아무도 모른다. 인생은 너무나 짧다. 그래서 나는 아이들을 볼 때마다 최대한 그들의 모습을 즐기고
시간 있을 때마다 사랑하는 사람, 나의 가족, 친구들의 존재를 즐긴다.
- 돈 미겔 루이스

정을 지키겠다던 어머니의 굳은 다짐들, 수성이 첫 아내를 잃고 방황할 때 갓난아기인 서진이를 키우며 묵묵히 기다려주던 어머니, 그런 고통의 순간들이 파노라마처럼 흘러갔다. 수성의 눈가에 어느새 눈물이 맺혔다.

'고맙습니다. 할머니, 고맙습니다, 어머니. 두 분이 안 계셨더라면 저는 여기까지 오지 못했을 겁니다. 제가 이토록 행복한 순간을 맞이하게 된 건 두 분의 덕분입니다. 두 분이 제게 물려주신 정신적인 유산을 나의 아이들에게도 물려주겠습니다. 세상에서 가장 가치 있는 것이 가족의 존재라는 것을 우리 아이들도 잘 알고 있습니다. 아이들에게도 시련과 역경이 있었고 가족의 힘으로 우리는 그걸 극복했으니까요. 수많은 풍파를 겪고 난 다음 우리는 더 단단해지고 성숙해졌어요. 할머니와 어머니에게 받은 귀중한 가족의 사랑을 내 아이들에게 물려주면 그들은 또 자신의 아이들에게 물려줄 수 있겠지요? 할머니, 어머니 그리고 아버지. 지금 보고 계세요?'

수성은 주름진 눈으로 미소를 지었다. 내가 죽고 난 다음에도 아이들이 나의 뜻을 따라 장학재단을 잘 이끌어나갈 것이라고 수성은 믿었다. 가족만이 나눌 수 있는 세상에서 가장 귀한 사랑을 수성은 믿었다.

수성의 가족들이 경험한 세상에서 가장 값진 사랑은 상속을 통해 완전하게 이루어졌다. 가족은 하나의 뿌리에서 시작되어 같은 피를 나누고 뻗어나가는 무수한 가지였다. 또한 훌륭한 상속이야말로 그 가지와 잎을 무성하고 건강하게 해주는 햇빛과 단비였다. 잘 자란 나무처럼 곧고 높고 풍성한 가족이 이 땅을 더 풍요롭게 만들어줄 것이다.

상속,
이것만은 꼭
알아두자!
-사례로 쉽게 풀어 쓴 상속 지식

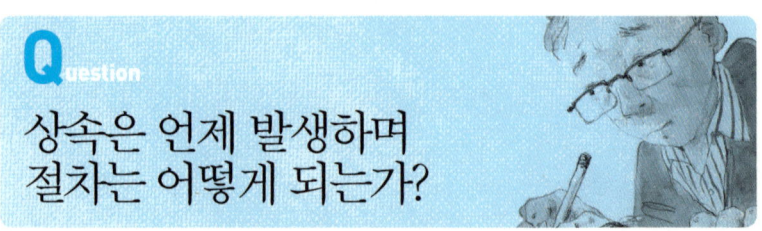

상속은 언제 발생하는가? 상속의 원인이 되는 사망이 발생하면 비로소 상속이 시작되며, 이때 법적효력이 있는 유언장의 존재 여부에 따라 유언상속 또는 법정상속으로 구분되어 상속절차가 진행된다. 우리나라 민법은 피상속인, 즉 재산 보유자의 재산처분의사를 최대한 존중하여, 상속재산 처분의사를 유언으로 밝힌 경우 그 의사대로 재산을 처분할 수 있도록 하고 있다. 이를 '유언상속 우선의 원칙'이라고 한다.

다시 말하자면 법적효력이 있는 유언장이 있다면 유언장에 따라 유산이 분배되는 것이다. 그런데 상속에 대한 인식이 무르익지 않은 우리나라에서는 법적 효력이 있는 유언장이 있는 경우가 드문 것이 현실이다. 적법한 유언장 없이 상속이 개시되면 어떻게 상속절차가 진행될까? 바로 이때는 법에서 정한 '법정상속 절차'가 진행된다. 즉, 법정상속은 법정상속인들이 민법에 정해놓은 법정상속지분을 기초로 협의하여 상속절차를 따르는 것이다. 상속절차를 도표로 간단히 살펴보면 다음과 같다.

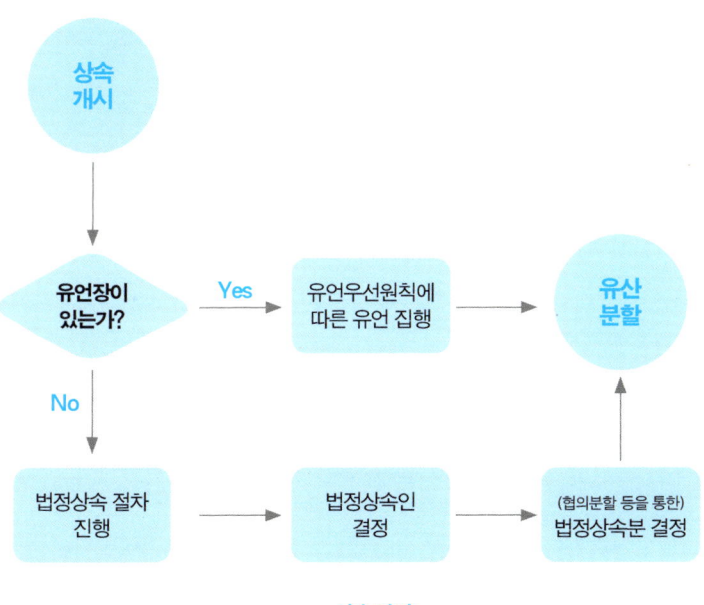

상속절차

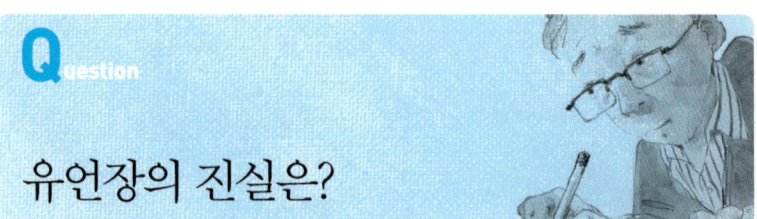

유언장의 진실은?

그렇다면 여기에서는 피상속인이 유언장을 남긴 사례를 통해 상속의 매커니즘을 좀더 쉽게 알아보기로 하자. 다음의 사례는 사회를 꽤 떠들 썩하게 했던 유언장 사건이다.

사회사업가 김씨가 200X년 사망하자 그의 유족 7명은 사망한 김씨가 거래하는 은행에 찾아가 예금 지급 요구를 하였다. 그러나 김씨의 대여금고에서 다음과 같은 유언장을 발견한 은행 측은 예금 지급 요구를 거부하였다.

"본인 유고시 모든 부동산과 금전신탁, 예금 전부를 ○○대학에 한국사회사업 발전기금으로 기부하나이다. 19XX년 3월 8일 김○○."

메모지 뒷장에 자필로 직접 쓴 유언장에 따르면 그의 전재산은 법정상속인이 아닌 제3자 즉, 김씨가 지정한 수유자인 ○○대학이 차지하게 되는 것이다.

사회사업가였던 김씨의 유족들은 은행의 대여금고에서 발견된 자필 증서 유언장을 보고 매우 놀랐을 것이다. 유언장에 따르면 유족들, 특히 법정상속 권한이 있는 사람들(고인의 배우자와 자녀들)은 아무런 재산도 받을 수 없기 때문이다. (물론 유류분 청구절차를 통해 법정상속분의 일부를 반환받을 수 있다.) 유언장의 존재를 알게 된 대학 측에서는 유증을 받은 자로서 권리를 주장했고 이에 대해 법정상속인들은 결국 소송을 제기하였다. 소송의 쟁점은 유언장이 민법상 적법하게 작성된 것인가였다.

'날인 없는 유언장' 다툼… ○○대·유족 판결로

1백 20억 원이 넘는 유산을 두고 ○○대학과 유가족이 벌여온 '날인 없는 유언장' 소송이 결국 재판으로 판가름 나게 됐다. 28일 ○○대학은 지난 10일 서울 중앙지법의 2번째 강제 조정 결정안에 불복하고 다음달 5일 선고공판에서 유가족과의 유산다툼을 마무리 짓기로 했다고 밝혔다. 유산다툼은 고 김씨가 남겨놓은 '전 재산을 ○○대학에 기부한다'는 내용의 날인 없는 자필유언장이 20XX년 11월 공개되면서 시작됐다. 유족측은 "날인 없는 유언장은 효력이 없다"며 은행을 상대로 예금반환소송을 제기했고, ○○대학도 "유언장을 남긴 만큼 상속권은 대학에 있다"고 주장해 양측간의 법정 공방이 이어졌다.

법원은 유산 중 부동산과 현금 7억 원은 대학이 갖고, 나머지 현금 1백 20억여 원은 유족이 상속받는 것으로 조정안을 냈으나 양측 모두 반발했다.

(경향신문 2005년 6월 28일)

유언장으로 인해 벌어지는 분쟁을 막기 위해서는 유언장이 법이 정하는 일정한 형식을 구비하고 있어야 한다. 가령, 자필증서에 의한 유언을 할 경우 '유언자는 그 내용과 연월일, 주소, 성명을 자필로 기재하고 날인하여야 한다. 그 증서에 문자를 삽입, 삭제, 변경하는 경우에도 유언자가 이를 자서하고 날인하여야 한다'고 규정하고 있다. 자필증서에 의한 유언은 장소여하를 불문하고 비용을 들이지 않고 혼자서 간편하게 작성할 수 있으며, 유언증서의 존재나 내용도 비밀로 할 수 있다는 장점이 있다. 하지만 법률을 잘 모르는 경우에는 방식의 불비나 내용의 불명확을 초래하여 유언의 효력에 대해 다툼이 발생할 우려가 있다. 또한 유언증서의 분실, 은닉, 위조, 변조의 위험이 크다는 단점이 있다.

날인 없는 '123억 유언장' ○○대 패소 확정

123억여 원의 유산을 두고 유족과 ○○대학이 3년 가까이 끌어온 '날인 없는 유언장' 소송에서 ○○대학이 패소했다. 대법원 2부(주심 박일환 대법관)는 사회사업가 고 김씨의 동생(72) 등 유족이 '날인 없는 유언장은 무효'라며 ○○은행을 상대로 김씨가 ○○대학 앞으로 남긴 예금을 돌려달라며 낸 소송에서 독립당사자로 참가한 ○○대학의 상고를 기각했다고 밝혔다.

재판부는 "민법에서 유언의 방식을 엄격하게 규정한 것은 유언자의 진의를 명확히 하고 법적 분쟁과 혼란을 예방하기 위한 것으로 법정 요건과 방식에 어긋난 유언은 유언자의 진정한 의사와 합치하더라도 무효"라고 판결했다. 김씨는 숨지기 전에 "전 재산을 ○○대학에 기부한다"는 자필 유언장과 함께 예금과 채권 등 123억여 원을 ○○은행에 맡겼다. 하지만 유언장에는 날인이나 손도장이 없었다. 유족들은 예금 등을 돌려달라면서 소송을 냈다.

1심 재판부는 김씨의 유산 중 20억·30억 원대의 부동산과 현금 7억 원은 ○○대학이 갖고 나머지 116억 원은 유족이 상속받도록 조정안을 냈지만 양측이 모두 이의를 제기했다. 결국 1·2심 재판부는 유족의 손을 들어줬다.

현행 민법과 판례는 유언의 요건을 까다롭게 적용하고 있어 법에서 정한 유언방식에 따르지 않을 경우 유언자의 뜻과 일치하더라도 효력이 발생하지 않는다. 자필증서에 의한 유언의 경우, 전문을 유언자가 직접 쓰고 작성한 날짜, 이름, 주소를 쓴 뒤 서명날인까지 해야 한다. 이 중 하나라도 빠지면 유언은 무효가 된다. 워드프로세서나 복사본 유언장도 무효가 되고 날짜에서 연월만 있고 일자가 없어서 유언장이 무효로 된 경우도 있다.

(서울신문 2006년 9월14일)

결정적으로 붉은 날인이 없어서 유언장을 남겼음에도 불구하고 고인의 뜻과는 상관없이 유언은 무효가 되어버렸다. 동전보다 작은 날인 하나가 평생 모아온 재산을 사회사업에 환원하려던 고인의 유언 의지를 결국 꺾은 것이다. 위의 사건은 대법원을 거쳐 헌법재판소까지 가서 자필증서 유언장 자체가 결국 무효로 판결이 났다. 관계 대학은 "상속권은 대학 쪽에 있다"며 유산을 조금이라도 건지기 위해 소송을 냈지만 한 푼도 건질 수 없었다. 결국 법정상속인들이 협의분할 과정을 거쳐 고인의 유산은 배분되었다.

이 책의 본문 1장을 살펴보면 주인공 김수성의 할머니가 돌아가시면서 구두로 유언을 남겼지만 할머니의 뜻대로 상속이 실현되지 못하였다. 할머니가 남긴 구두 유언은 법적효력이 없는 유언이었기에 아무 구속력이 없었기 때문이다. 비록 가상의 이야기일지라도 할머니가 돌아가시고 난 뒤 김수성과 어머니, 그의 여동생은 법정상속권자인 아버지에게 쫓겨나 길바닥에 나앉는 것을 보고 안타까웠을 것이다. 하지만 위의 사례에서 보는 것처럼 결코 소설에서나 일어나는 일이 아니다. 남아 있는 가족에게 재산을 남기든 사회에 환원하든 상속 계획을 세울 때 유언장이 얼마나 큰 역할을 하는지 알 수 있다. 우리나라 민법은 유언의 법적인 형식을 매우 중요시 하기 때문에 자필로 유언장을 작성할 때에는 법적인 요건이 제대로 구비되어 있는지를 제대로 파악하는 것이 매우 중요하다.

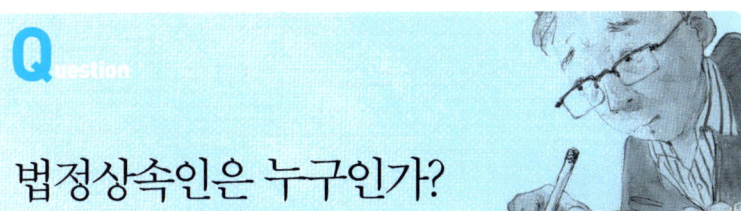

이번에는 피상속인이 유언장을 남기지 않은 경우를 살펴보자. 유언장이 없는 경우 상속절차는 어떻게 될까? 일반적인 상속의 경우 법정유언장이 없는 경우가 대부분이다. 우리나라 민법은 법에서 정한 법정상속인에게 법정상속 절차에 따라 고인의 재산을 처리한다고 규정하고있다. 책 속에서 처자식을 버린 김대로나 수성의 고모는 진불비의 직계비속으로 제1순위 상속자가 되었다. 김수성 가족이 겪은 사례와 비슷한상황을 통해 살펴보자.

신데렐라(48) 씨는 슬하에 아들과 딸을 두고 있으며 5년 전 집을 나가 딴 살림을 차린 남편 불한당(52)의 어머니인 시어머니(80)를 지극 정성으로 보살폈습니다. 신데렐라 씨와 두 자녀는 현재 그 집에 살고 있습니다. 남편인 불한당은 바람을 피워 집을 나가기 전에도 모친의 재산을 탕진하고 모친에게 불효하였으며, 집을 나가서는 코빼기도 보이지 않습니다. 시어머니는 늘 마음씨 착한 며느리를 칭찬하면서 자신이 죽으면 모든 재산은 며느리인 신데렐라 씨가 갖도록 신신당부를 하였습니다(구두 약속). 이 사실을 집안 친척들이 모두 모였을 때 사람들 앞에서도 매번 이야기했습니다. 시어머니는 불한당이 마음을 고쳐먹고 돌아오면 받아줄 것을 며느리에게 간곡히 부탁하면서 집 한 채와 예금 1억 원의 재산을 남기고 사망했습니다. 그런데 초상집에 등장한 불한당은 자신의 상속분을 주장하면서 신델라 씨와 자신의 자녀들에게 집을 비워달라고 하며, 예금도 갖겠다고 했습니다. 신델라와 그녀의 자녀를 구제할 방법이 없을까요?

피상속인이 사망했을 때 피상속인이 가지고 있던 재산상의 권리의무를 승계할 수 있는 법적자격을 가진 사람을 법정상속인이라고 한다. 민법상 법정상속인은 일정 범위의 친족으로 규정하고 있다.

법정상속의 순위는 어떻게 되는가?

민법에서 정해 놓은 상속의 순위는 다음과 같다. 만일 선순위 상속인이 없는 경우에만 차순위 상속인이 재산상속인이 된다.

● 1순위: 피상속인의 직계비속

자식뿐만 아니라 직접 자식이 없는 경우 손자 · 증손자까지 포함하며 적 · 서에 관계없이 모두 제1순위에 해당한다. 단, 최근친 직계비속이 우선한다. 양자의 경우 양부모와 친생부모 양쪽에서 모두 제1순위 상속인이 된다.

● 2순위: 피상속인의 직계존속

제1순위 직계비속이 없을 때 직계존속이 법정상속인이 된다. 하지만 제1순위 직계비속이 있다면 직계존속은 상속을 받을 수 없다.

● 3순위: 피상속인의 형제자매

피상속인의 직계비속 · 존속 및 배우자가 없거나 모두 상속포기 · 결격인 경우에만 피상속인의 형제자매 모두 공동상속인이 된다.

● 4순위: 피상속인의 4촌 이내의 방계혈족

피상속인의 직계비속 · 존속 및 배우자 · 형제자매가 없거나 모두 상속포기 · 결격인 경우에만 피상속인의 4촌 이내의 방계혈족이 모두 공동상속인이 된다. 4촌수 이내 촌수가 다른 사람이 있는 경우 최근친이 우선하고 촌수가 같은 사람들은 모두 공동상속인이 된다.

● 배우자의 상속순위

배우자는 그 직계비속과 동순위(즉, 제1순위)로 공동상속인이 되고, 직계비속이 없는 경우에는 피상속인의 직계존속과 동순위로 공동상속인이 된다. 피상속인의 직계비속과 직계존속 모두 없는 경우에는 단독상속인이 된다. 여기서 배우자는 법률혼 관계만을 인정한다. 혼인신고를 하지 않은 사실혼 배우자는 상속권이 없다.

상속법에 따르면 신델라 씨를 구제할 방법은 없다. (물론 불한당에게 위자료 등 다른 방법의 법적 수단을 생각해 볼 수는 있다.) 재산의 많고 적음을 떠나 재산의 소유자였던 고인의 의지를 담아낸 유언이 제대로 준비되지 않으면 고인의 의지와 상관없이 재산은 처분되고, 심지어는 가정이 파탄 지경까지 이를 수 있다. 안타깝게도 신델라 씨는 피상속인의 법정상속인 자격이 없기 때문에 불한당인 남편이 시어머니의 재산을 모두 차지하게 되어버리는 것이다. 그렇다면 그 자녀들은 고인의 직계비속에 해당하니 상속을 받는 것이 당연하다고 생각할 것이다. 하지만 촌수가 같은 직계비속이 여러 명 있으면 동순위의 상속인이 되고, 촌수가 다르면 촌수가 가까운 직계비속이 먼저 상속인이 되기 때문에 불한당이 모든 재산을 상속받는 것이다. 따라서 법적인 유언의 가치를 잘 모르는 피상속인의 섣부른 판단이 뜻하지 않은 불행만을 남기고 떠날 수 있다.

아들이 먼저 사망하면 그 상속권은 어떻게 되는가?

상속인이 되어야 할 직계비속 또는 형제자매가 상속개시 이전에 사망하거나 상속결격자가 되어 상속인이 될 수 없는 경우에는 어떻게 되는지 살펴보자. "사망하거나 상속결격 된 자"에게 직계비속이나 배우자가 있을 때에는 그 직계비속이나 배우자가 "그 사망자 또는 상속결격자"를 대신하여 상속인이 된다. 이를 대습상속(代襲相續)이라고 한다. 만일 아들이 먼저 사망하고 나서, 아버지가 사망하고 상속개시가 되면 그

상속재산 중 아들의 법정상속지분은 아들의 자녀와 배우자(며느리)에게 대습상속되는 것이다. 다음의 경우를 살펴보자.

대법, 괌참사 1000억 유산 사위상속 확정

19XX년 8월 대한항공기 괌 추락사고로 일가족이 모두 숨진 이모 전 회장의 재산은 사위에게 상속권이 있다는 법원의 최종 판결이 나왔다.

대법원 2부는 이 전 회장의 형제 7명이 사위 김모 씨를 상대로 낸 소송의 상고심에서 15일 이들 형제의 상고를 기각, 원고패소 판결을 내린 원심을 확정했다. 이들 7형제는 김씨가 장인인 이 전 회장의 재산을 상속받아 등기한 것을 취소해달라고 소송을 냈었다.

이 사건의 쟁점은 재산을 물려주는 사람(피상속인·이 사건에서 이 전 회장)과 1차로 상속받을 사람(상속인·이 전회장의 딸)이 함께 사망했을 경우 이 전 회장 형제들과 사위 중 누구에게 상속권이 있느냐는 것. 이 전 회장은 사고 당시 자신의 부인과 아들 며느리 손녀, 그리고 김씨의 부인인 딸과 외손자 외손녀 등 일가족 7명과 함께 괌으로 첫 해외여행을 떠났다가 모두 사망했다.

이런 경우에 대비해 민법 1001조는 '상속인이 될 직계비속(이 전 회장의 딸)이 상속개시 전에 사망한 경우 그의 배우자(김씨)가 대신 상속받도록' 하는 대습상속 규정을 두고 있다. 문제는 상속인이 '상속받기 전(상속개시 전)에' 사망한 것이 아니라 '상속개시와 동시에(함께)' 사망한 경우도 대습상속이 가능하느냐는 점. 이 전 회장의 형제들은 이 점을 내세워 김씨에게 대습상속이 적용될 수 없다고 주장해왔다. 이에 대해 대법원은 "대습상속은 직계비속이 상속개시와 동시에 사망한 것으로 추정되는 경우도 포함돼야 한다"고 판결했다. 이 전 회장의 재산은 1천억원에 이르는 것으로 알려졌다.

(동아일보 2001년 3월 15일)

우리나라 민법에서 대습상속을 인정하지 않는다면 이 전 회장의 상속재산은 제3순위인 형제자매에게 분배 되었을 것이다. 그 이유는 제1순위권자(직계비속)와 배우자가 모두 함께 사망했고, 제2순위권자인 이 회장의 직계존속은 그 이전에 유고상태였기 때문에 제3순위자가 상속권자가 되는 것이다. 그러나 우리나라 민법은 대습상속 제도를 두고 있으므로 이 전 회장의 제1순위 상속권자의 대습상속인인 사위가 그 상속재산을 모두 단독으로 상속받게 된 것이다.

법정상속인 간 상속비율은 어떻게 정해지는가?

앞에서 설명한 것처럼 상속재산 분배에 대한 유언이 없으면 법정상속인에게 법에서 정한 상속지분에 따라 분배가 결정된다. 법정 동순위에 속한 상속인들이 2명 이상인 경우에는 공동상속을 하게 되고 이들 상속인 사이에는 각자의 상속분이 정해지게 된다. 동순위 상속인들이 수명인 경우의 상속분은 모두 균등하게 나눠진다. 단, 피상속인의 배우자가 직계존비속과 공동으로 상속하는 경우에는 직계존비속 상속분의 50%를 가산하여 상속재산이 분배된다. 다음의 경우를 살펴보자.

저는 1남 3녀 중 막내로 위로 3명의 누나가 있습니다. 부모님이 돌아가시면서 집과 논 그리고 약간의 현금을 남기셨습니다. 부모님 살아생전 막내이자, 장손인 저에게 모두 물려주실 것을 늘 말씀하셨고, 누나들 역시 이에 모두 동의를 하였습니다. 그러나 부모님 두 분께서 돌아가시고 상속을 받으려고 보니 누나 3명 중

2명은 상속을 포기하겠다고 동의를 해줬으나, 누나들 중에 가장 잘 살며, 돈도 잘 버는 막내누나가 자기 지분을 요구하며 상속포기를 거부하고 있습니다. 많이 애원도 해보고 간절하게 부탁도 했지만 가족관계를 끝내더라도 자기 상속분을 받아야 한다고 주장합니다. 부모님이 별다른 구두유언이나 유언을 공증하지 않았지만, 누나들이나 친인척들 모두 "아들인 저에게 모든 재산을 상속한다"는 부모님 두 분의 유언을 들었습니다. 비록 구두유언이지만 법적으로 효력이 있을까요? 끝까지 막내누나가 자기의 상속분을 주장한다면 어떻게 되는 거죠? 화목하던 우리 가족에게 이런 일이 생길 줄은 정말 몰랐습니다. 애통할 따름입니다.

이 경우 상담자의 상속분은 2명의 누나가 상속을 포기한다고 가정하면, 상속포기를 하지 않은 막내누나와 상담자 2명이 법정상속인이 되기 때문에 1/2씩 공동상속을 받게 될 것이다. 상담자 처지에서는 억울하다고 생각할 수 있지만 막내누나 처지에서는 당연히 상속권리가 있으므로 정당한 대가를 받을 수 있다.

반드시 법정상속 비율대로 상속분을 정해야 하는가?

: 반드시 그렇지 않다. 협의분할을 통해 상속분을 정할 수 있다.

유언장의 유무와 상관없이 상속절차가 진행되는 중에도 협의과정을 통해서 상속재산을 분할할 수 있다. 협의분할은 공동상속인 모두 참여하여 전원이 합의를 해야 한다. 반드시 법정상속분과 분할재산의 비율이 일치할 필요는 없고, 분할협의 과정에서 상속인이나 유증을 받을 자는 자신의 지분을 일부 양보하거나 포기할 수 있다. 유산분할이 종료되고 각 상속인이 취득할 재산을 확정했다면 후일의 재산분쟁을 막기 위해서 상속재산 분할 협의서를 작성해야 하며, 이때 분할 협의서에는 상속인 전원이 동의하여야 효력이 있다.

법정상속비율은 상속분을 나누는 가이드라인이다. 즉, 상속인 사이 협의분할 과정 또는 상속인 사이에 협의가 잘 되지 않을 경우 가정법원에서 조정 또는 심판할 때 기준점이 된다. 물론 협의분할 또는 법원의 조정 시에 법정상속분에 얽매일 필요는 없지만 법정상속분을 무시할 수는 없기 때문이다.

법정상속 예시

구분	상속인	상속분	비율
자녀나 배우자가 있는 경우	장남과 배우자만 있는 경우	장남 1 배우자 1.5	2/5 3/5
	장남, 차남(양자) 배우자가 있는 경우	장남 1 차남 1 배우자 1.5	2/7 2/7 3/7
	배우자가 있으며, 장남, 미혼의 장녀, 차남, 차녀가 있는 경우	장남 1 장녀 1 차남 1 차녀 1 배우자 1.5	2/11 2/11 2/11 2/11 3/11
자녀가 없고, 부모와 배우자만 있는 경우		부 1 모 1 배우자 1.5	2/7 2/7 3/7

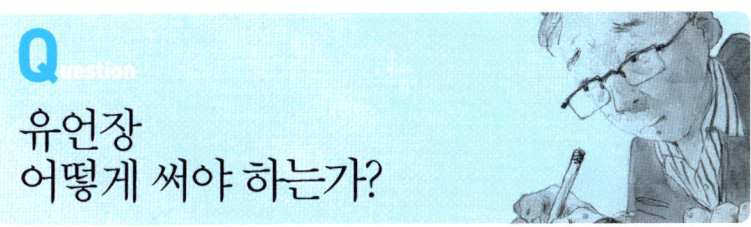

Q Question
유언장
어떻게 써야 하는가?

재산을 보유한 사람이 유언을 하게 되면 법정상속분에 따르지 않고 유언의 내용에 따라서 재산을 분배할 수 있다. 유언은 유언하는 사람이 법정상속분에 따른 상속을 원하지 않는 경우에 사망하기 전에 유언자의 의지를 표명할 수 있는 가장 좋은 수단이다. 따라서 상속을 준비하는 것은 법률적으로는 결국 유언장을 준비하는 것이라고 할 수 있다.

법정상속인이 아닌 자, 가령 자녀가 살아있는 상태에서 손자에게 상속하기를 원하거나 자신을 지극정성으로 간호해주거나 신세를 진 사람, 또 교회나 국가에 재산 유증을 원하는 경우에는 법적효력이 있는 유언을 반드시 남겨야 한다.

● 민법에서 정한 법정상속분과 다른 재산 분배를 원하는 경우
배우자에게 법정상속분보다 많이 분배하거나 자녀들의 경제 능력, 생전 증여 정도, 나이, 자녀의 재산관리 능력에 따라 재산분배 비율을 다르게 하고 싶은 경우에는 반드시 유언장이 필요하다.

● 자녀가 없어 배우자에게 모든 재산 분배를 원하는 경우

자녀가 없는 경우 유산은 배우자와 직계존속인 피상속인의 부모가
공동상속인이 된다. 이때 배우자에게 재산을 모두 주고 싶다면 반드
시 유언장이 필요하다. (물론 피상속인의 직계존속은 배우자에게 유류분청구를
통해 법정상속분의 절반을 찾을 수 있다.)

● 상속인이 아닌 제3자에게 재산을 주고 싶은 경우

자신의 병든 몸을 간호해준 사람, 수절한 며느리, 손자, 은인, 사실혼
관계만 있는 배우자에게 재산을 주고 싶을 때 유언장이 필요하다.

● 재산을 공익을 위하여 기부하고 싶은 경우

장학재단 등 재단법인의 설립, 교회 등 종교단체에 기부를 하고 싶은
경우에도 유언장이 필요하다.

유언의 본질

유언은 유언자가 사망한 후에 그 효력이 발생하기 때문에 그 내용이 유
언자의 진의인지 아닌지 파악하기 힘들 뿐만 아니라 유언의 존재 여부
를 확인하는 것이 곤란하다. 따라서 우리나라 민법에서는 유언의 형식
을 엄격히 정하여, 진정으로 유언을 하려는 자에게 법에서 정한 형식을
밟도록 요구하고 있다. 즉 민법은 「유언은 본법에 정한 바에 의하지 아

니하면 효력이 생기지 아니 한다」(제1060조)고 규정하여 일정한 방식을 요구하고 이 방식에 따르지 않는 유언은 무효로 하고 있다.

유언의 방식

유언은 유언자의 사후에 효력이 발생하고 사망자의 최종의사를 존중하려는 데 그 의미가 있으며, 유언자의 가족에게 지대한 영향을 미칠 수 있다. 따라서 유언의 방식과 내용에 대해 일정한 제한을 두고 있다. 유언의 방식을 위반하는 경우에는 유언을 무효로 하고 있기 때문에 유언의 방식을 제대로 숙지할 필요가 있다. 유언은 만 17세 이상, 의사능력이 있으면 누구라도 할 수 있으며, 유언의 효력(재산상, 신분상 효력)을 받는 사람이 별도의 승낙의사를 밝히지 않아도 성립이 되고 효력이 발생한다.

현행 민법상 인정되는 유언의 방식에는 4가지의 보통방식에 의한 유언방식과 급박한 경우에 하는 유언 방식을 포함하여 모두 5가지의 유언방식이 있다. 보통방식에 의한 유언은 자필증서 · 녹음 · 공정증서 · 비밀증서가 있다. 이 4가지 방식에 따를 수 없는 경우, 즉 질병이나 기타 급박한 사유에 해당하는 경우에는 구수증서에 따라 유언하는 것을 허용하고 있다. 보통방식에 의한 유언 중 어느 것을 따르는가는 유언자의 자유이며, 유언자는 그 방식의 장단점을 고려하여 본인에게 적합한 방법을 선택하면 된다.

● 자필증서에 의한 유언

유언 중 가장 간단한 방식이지만 대단히 중요하다. 그 요건은 유언자가 그 내용과 연월일, 주소, 성명을 자필로 기재하고 날인하는 방법이다. 이 유언은 자필로 직접 기재하는 것이 절대 요건이므로 다른 사람을 통해 필기하거나 타이프라이터나 워드프로세서 등을 사용하는 것은 인정되지 않으며 무효로 본다. 또한 연월일이 없는 것도 무효다. '만 65세의 생일', 회갑일 등으로 지정하는 것은 유효한 것으로 보며 연월일을 쓴 장소에는 제한이 없으며, 봉투에 써도 유효하다. 성명의 기재는 그 유언서가 누구의 것인가를 알 수 있는 정도이면 된다. 호나 자, 예명 등 유언자 본인의 동일성을 알 수 있는 경우에는 유효하다. 날인은 인장뿐만 아니라 손으로 하는 무인도 인정한다. 유언장을 정정하는 경우, 즉 삽입하거나 삭제, 변경을 할 때에는 유언자가 자서하고 날인하여야 한다. 이 책 본문에서 김수성이 선택한 유언의 방식이 바로 자필증서 방식이다.

자필증서에 의한 유언은 간단하지만, 문자를 모르는 자는 이용하기 힘들고 유언증서의 유효성이 사후에 판명되기 어려우며 위조, 변조의 위험이 뒤따른다는 단점이 있다. 그리고 상속 발생 이후에 자필증서 유언을 집행하기 위해서는 반드시 가정법원의 검인절차를 거쳐야 한다.

● 녹음에 의한 유언

유언자의 육성을 사후에도 그대로 보존할 수 있고 녹음기만 있으면 간편하게 할 수 있는 것이 장점이지만 녹음된 내용이 자칫 잘못하면 소멸될 수 있는 단점도 있다. 녹음에 의한 유언의 요건은 유언자가 유언의 취지와 그 성명, 연월일을 구술하고 이에 참여한 1인 이상의 증인이 유언의 정확함과 그 성명을 구술하여 녹음함으로써 성립된다. 녹음유언도 이를 집행하기 위해서는 가정법원의 검인을 거쳐야 한다.

● 공정증서에 의한 유언

공정증서에 의한 유언은 유언자가 증인 2인이 참여한 공증인 앞에서 유언의 취지를 이야기하고 공증인이 이를 필기, 낭독하여 유언자와 증인들이 그 정확함을 승인한 후, 각자 서명 또는 기명 날인하여 작성하는 것이다. 이 유언방식은 유언의 존재를 명확히 하고 분실, 위조, 변조의 위험이 없고, 유언의 확실성을 기하는 점에서 유용한 방식이다. 공증절차를 거쳤기에 상속 발생 이후에 법원의 검인절차를 거칠 필요가 없다. 다만 비용이 들고 절차가 복잡하다는 것이 단점이다. 미리 작성된 유언장을 낭독하도록 하는 것은 상관없으나 낭독을 하지 않고 작성된 문서 그 자체를 공증인에게 주는 것은 허용되지 않는다. 공증인의 자격을 부여받은 자는 변호사다. 공증업무를 취급하는 법률사무소에서 공정증서 유언서를 작성할 수 있다. 전문가의 도움을 받아 유언을 진행하고자 할 때 활용할 수 있는 유언 방식이다.

● 비밀증서에 의한 유언

비밀증서에 의한 유언은 유언자가 유언했다는 사실을 명확히 하고는 싶지만 생전에 그 내용을 비밀로 하고 싶은 경우에 활용된다. 유언자가 유언장을 작성하고 유언자 본인의 성명을 기입하고, 날인하여 유언장을 봉서에 봉한 후 같은 인장으로 봉인한다. 엄봉한 날인증서를 2인 이상의 증인의 면전에 제출하여 본인의 유언장임을 표시한 후, 그 봉서표면에 제출 연월일을 기재하고 유언자와 증인들이 각자 서명 또는 기명날인하면 성립한다. 봉인된 유언서를 그 표면에 기재된 날로부터 5일 이내에 공증인 또는 법원서기에게 제출하여 그 봉인상에 확정일자인을 받아야 한다. 비밀증서 방식은 증인을 필요로 하거나 확정일자를 받아야 하기 때문에 절차가 복잡하고 유언의 존재를 비밀로 할 수 없다는 것이 단점이다. 비밀증서 유언장은 자필로 작성할 필요가 없고 연월일을 기입하지 않아도 되지만 유언자의 서명 또는 기명날인이 필요하다. 만약 비밀증서방식의 유언장이 비밀증서방식상 흠결이 있더라도 유언장을 직접 유언자 본인이 자필로 기재한 경우 자필증서 유언장의 요식을 갖추고 있다면 자필증서의 유언장으로 효력을 인정받을 수 있다.

● 특별방식 – 구수증서에 의한 유언

질병이나 기타 급박한 사유로 인하여 전술한 보통방식에 의한 유언을 할 수 없는 경우에, 유언자가 2인 이상의 증인을 참여시켜 그중 1

유언방식별 유언의 특징

유언방식	주요 내용	장점	단점	증인	검인
자필증서	유언서전문, 연월일, 성명, 주소, 날인	비밀 유지	위조, 분실 가능성	없어도 됨	필요
녹음	유언내용, 증인확인 내용 음성녹음	유언자가 글을 몰라도 됨	비밀 누설	1명 이상	필요
비밀증서	유언서 봉인, 봉인을 증인이 확인, 확정일자(제출일로부터 5일 이내)	비밀 유지	위조, 분실 가능성	2명 이상	필요
공정증서	유언내용 구술, 공증인 기재, 낭독, 증인의 확인	안전한 유언 방법	절차, 비용 부담	2명 이상	불필요
구수증서	급박한 사유 발생 시에만 가능	급박한 경우 활용 가능	실효성 거의 없음	2명 이상	필요

인에게 유언의 취지를 구수하도록 하여 구수를 받은 자가 이를 필기 낭독하여 유언자와 증인이 그 정확함을 승인한 후, 각자 서명 또는 기명날인하여 작성할 수 있도록 한 유언방식을 구수증서에 의한 유언이라 한다. 구수증서에 의한 유언은 질병이나 기타 급박한 사유로 인하여 보통방식에 따른 유언을 할 수 없는 경우에만 허용된다. 따라서 유언자가 질병, 기타 급박한 사유에 있는지 여부는 자필증서, 녹음, 공정증서 및 비밀증서의 방식에 따른 유언이 객관적으로 가능한지를 보고

판단한다. 만일 보통방식의 따른 유언이 가능하다면 구수증서에 의한 유언방식은 허용되지 않는다.

유언으로 정할 수 있는 법적내용

유언을 할 수 있는 내용은 민법에 다음과 같이 정해 놓았다. 따라서 법률로 정해져 있는 내용에 대하여 유언을 한 경우에만 법적효력이 발생한다. 따라서 민법에 정해져 있지 않은 유훈과 같은 것, 예컨대 '어머니에게 효도를 하라' 같은 유언을 하는 것은 괜찮지만 유훈은 법적으로 아무 효과가 없다.

ⓐ 재단법인의 설립(제47조 제2항): 유산을 공익법인 등의 설립재원으로 할 수 있다.

ⓑ 친생부인(제850조)

ⓒ 인지(제859조 제2항)

ⓓ 후견인지정(제931조): 미성년자는 친권자가 법률행위의 대리, 동의를 하는데 친권자가 사망하면 그 법정대리를 할 후견인이 필요하다. 친권행사 부모는 유언으로 미성년자의 후견인을 지정할 수 있다.

ⓔ 상속재산분할방법의 지정 또는 위탁(제1012조 전단),

ⓕ 상속재산분할금지(제1012조 후단),

ⓖ 유언집행자의 지정 또는 위탁(제1093조),

ⓗ 유증(1074조 이하): 유언을 통해 재산을 가족 또는 제3자에게 포괄적으로 또는 지정하여 줄 수 있다.

ⓘ 신탁(신탁법 제2조) 등이다.

상속결격 사유

상속권은 망자와 상속인 사이에 가족의 신뢰관계를 바탕으로 인정하는 것인데 부정한 방법으로 상속을 본인에게 유리하게 만들거나 만들려고 한 자는 가족간 신뢰를 져버린 행동을 했으므로 상속권을 인정하지 않고 있다. 이를 상속결격이라고 하며 상속결격의 사유는 다음과 같다.

- 고의로 직계존속, 피상속인, 그 배우자 또는 상속의 선순위나 동순위에 있는 자를 살해하거나 살해하려고 한 경우
- 고의로 직계존속, 피상속인과 그 배우자에게 상해를 가하여 사망에 이르게 한 경우(단순히 구타를 한 경우는 상속결격 사유가 되지 않는다.)
- 사기 또는 강박으로 상속에 대해 유언하는 것 또는 유언의 철회를 방해한 경우
- 사기 · 강박으로 상속에 관한 유언을 하게 한 경우
- 완전하게 성립된 유언서를 상속인이 고의로 위조, 변조, 파기, 은닉한 경우

상속결격 사유가 발생하면 특별한 절차를 거치지 않아도 당연히 법률상 상속자격을 잃는다. 물론 상속결격의 사유는 본인에게만 해당하므로 상속결격자에게 배우자 또는 직계비속이 있다면 대습상속은 받을 수 있다. 피상속인이 상속결격 된 자를 용서한 경우 결격효과를 소멸시킬 수 있을지 여부에 대해서는 용서하여 소멸시킬 수 없다는 것이 학설의 다수설이다.

참고로 소설에서도 김수성의 둘째아들이 위기의 상황에 처하자 아버지의 유언장을 한순간에 폐기하는 장면이 나온다. 평소 아버지의 뜻을 잘 알고 있었지만, 자신에게 불리하게 작성된 유언장을 막상 보니, 둘째아들 우진은 돌이킬 수 없는 실수를 저지른다. 유언장을 폐기하는 것은 앞서 설명한 것처럼 상속결격 사유에 해당하며 중대한 범죄다. 주인공 김수성이 자식들이 저지른 사건을 보고 실망하며 평소에 가족들과 더 깊이 있는 대화를 나누지 못하고 유언장을 비밀로 썼다는 것을 후회하는 장면을 볼 수 있다. 가족의 귀중한 재산을 지키고 행복을 이어주는 상속은 충분한 대화를 통해 협의를 이끌어내는 것이 무엇보다 중요하다는 사실을 꼭 기억하기 바란다.

유류분 제도란 무엇인가?

유언상속 우선의 원칙에 따라 재산상속을 한다는 것은 피상속인의 재산처분의사를 100퍼센트 존중한다는 것이다. 그런데 무제한적으로 피상속인의 유언자유를 보장하다 보면 가족재산의 분배에서 엉뚱한 희생자가 발생할 수도 있다. 가령, 고인이 생전에 가족재산을 남에게 전부 줘버리거나 사회에 기부하는 경우 남은 유족은 생활이 곤란해질 수 있다. 이러한 문제를 방지하기 위하여 우리나라 민법은 법정상속인들에게 법정상속분의 일정비율만큼은 유류분으로 인정하여 상속재산을 더받은 자로부터 상속재산을 돌려받을 수 있도록 하였다. 이를 유류분 제도라고 한다.

유류분 반환청구는 상대방에게 반환을 청구하는 의사표시를 하면 되고, 이에 응하지 않는다면 그 상대방에게 민사소송을 제기할 수 있다. 유류분 권리자는 상속의 개시와 반환해야 할 증여나 유증이 있었던 것을 안 때부터 1년 이내 혹은 상속이 개시된 때부터 10년이 경과하기 전에 유류분 반환청구권을 행사해야 한다. 이 시기가 경과하면 유류분반환청구권은 시효로 인하여 소멸된다. 유류분권이 인정되는 법정상속인의 범위는 직계비속, 배우자, 직계존속, 형제자매까지이며 법정상속인 중 4촌 이내의 방계혈족은 유류분권자가 아니다. 유류분권은 법정상속분의 일정비율로 아래와 같이 법으로 정해져 있다.

피상속인과 관계	유류분
직계비속	법정상속분의 1/2
배우자	법정상속분의 1/2
직계존속	법정상속분의 1/3
형제자매	법정상속분의 1/3

유류분 반환청구의 대상이 되는 재산은 상속개시 당시의 재산과 상속개시 전 1년간 증여재산을 합산하여 산정한다. 왜냐하면 너무 오래된 증여를 무한정으로 유류분청구가 가능하게 하면 거래의 안전을 해칠 염려가 있기 때문이다.

김씨(34세)의 어머니는 재산이 꽤 많은 상태에서 20년 전 사망했다. 어머니의 모든 재산을 아버지가 직접 본인의 명의로 관리했고, 아버지는 2년 전 20세 연하의 새엄마와 재혼을 했다. 그런데 아버지가 한 달 전 교통사고로 사망하였다. 아버지가 남긴 자필증서의 유언장을 보니 모든 재산을 새엄마에게 유증한다는 내용이었다. 그 사실을 알고 기가 막힌 김씨는 어찌할 바를 모르고 있다. 아버지에 대한 배신감이 극도로 차오르고 재산을 모두 빼앗아간 새엄마는 아버지가 돌아가시자 돌변하여 김씨에게 눈곱만큼의 재산도 양도할 의사가 없었다. 김씨는 어떻게 해야 할까?

위의 사례에서 김씨는 유언장이 없었다면 아버지 상속재산의 40퍼센트(=1.0 / 2.5)를 받을 수 있었으나 아버지의 유언으로 한 푼도 받을 수 없게 되었다. 따라서 김씨는 새엄마에게 본인의 법정상속분의 1/2인 총 유산의 20퍼센트를 반환해줄 것을 청구하는 유류분 권리를 주장할 수 있다.

본문에서 김수성은 첫 번째 부인과 사별하고 장남 서진이를 재혼한 최정자와 함께 키우게 된다. 최정자와의 사이에 수진과 우진을 두었기에 가족재산과 관련해서는 장남 서진이 최정자와 수진, 우진과 이해관계가 일치하지 않을 여지가 충분히 있다. 이런 가정환경에서는 유언자가 유언장을 작성할 때 상속인들 간 이해관계를 조정하며 유류분을 고려한 상속설계를 하는 것이 매우 중요하다. 유류분을 고려하지 않은 채 상속인들 중 일방에게 유산을 많이 배분해주면 사후에 유류분청구 소송 등으로 화목한 가정이 깨질 수 있다.

상속, 선택의 문제

책 속에서 주인공인 김수성과 그의 이복동생인 김직진은 아버지가 돌아가시면서 남긴 빚으로 인해 곤란한 상황에 처한다. 상속이 개시되면 피상속인의 재산상의 모든 권리와 의무는 상속인의 의사와는 관계없이 법률상 모두 상속인이 물려받게 된다. 만일 상속되는 재산보다 부채가 많은 경우에는 상속인이 자신의 재산으로 부채를 상환해야 하는 수도 있다. 이와 같은 문제를 대비하여 현행 민법에서는 상속포기와 한정승인 제도를 두고 있다.

상속의 효력은 상속인의 의사와 관계없이 또 상속인이 알든 모르든 법률상 당연히 생기는 것이다. 따라서 상속재산보다 채무가 많은 경우의 상속은 상속인들에게 도리어 부담이 되어 곤란하게 될 수 있기 때문에 법정상속인을 보호하기 위하여 민법에서는 상속의 승인과 포기 제도를 두고 있는 것이다. 상속의 포기는 상속 효력의 부인, 즉 피상속인의 권리와 의무가 상속인 본인에게 이전되는 상속의 효력을 상속개시 때까지 소급하여 소멸시키는 의사표시며, 상속의 승인은 모든 상속을 받겠다는 의사표시로써 단순승인과 한정승인이 있다.

● 상속포기

상속을 포기하고자 하는 경우에는 상속개시가 있음을 안 날로부터 3개월 내에 가정법원에 상속포기 신고를 해야 한다. 공동상속의 경우에도 각 상속인은 단독으로 상속을 포기할 수 있다. 상속을 포기하면 처음부터 상속인이 아니었던 것으로 된다. 즉, 피상속인의 재산상의 모든 권리와 의무는 상속을 포기한 자에게는 승계되지 아니한다. 주인공 김수성이 2장에서 선택한 것도 바로 상속포기였다.

● 한정승인

상속재산으로 자산이 많은지 부채가 많은지 불분명한 때에는 상속인이 취득할 재산의 한도 내에서 피상속인의 채무를 변제할 것을 조건으로 상속을 승인할 수 있는데 이를 한정승인이라 한다. 상속인이 한정승인을 하고자 하는 경우에도 상속개시가 있음을 안 날로부터 3개월 이내에 상속재산의 목록을 첨부하여 가정법원에 한정승인의 신고를 해야 한다.

● 승인 및 포기의 기간

상속의 승인과 포기를 할 수 있는 기간은 상속인이 상속개시가 있음을 안 날로부터 3개월 이내이다. 상속개시가 있음을 안 날이란 상속인이 상속개시의 사실과 자기가 상속인이 된 사실을 인식한 날이라고 보는 것이 법률적인 시각이다. 만일 자기가 상속인이라는 사실을 알았다 하더라도 빚이 상속재산을 초과한다는 사실을 과실 없이 알지 못하여 상속포기 또는 한정승인을 하지 못한 채 상속개시일로부터 고려기간인 3개월을 넘겨버린 경우 어떻게 처리해야 할까? 어떤 빚쟁이들은 피상속인의 사망일로부터 3개월을 기다렸다가 상속인에게 나타나 빚을 갚으라고 독촉할 수 있을 것이다. 이러한 문제점을 해소하기 위해서 우리나라 민법에서는 상속인이 자신에게 상속되는 채무가 그 재산을 초과하는 사실을 중대한 과실 없이 알지 못하고 단순승인한 경우에는 그 사실을 안 날부터 3개월 내에 다시 한정승인할 수 있다고 규정하여 상속인들이 중대한 과실이 없는 한 부모의 빚으로부터 벗어날 수 있는 근거를 마련해주었다.

여기서 주의해야 할 점은 법적 단순승인으로 인정되는 경우다.

김수성의 이복동생 김직진처럼 상속인이 상속개시 사실을 알고, 그것이 상속재산이라는 것을 알면서도 상속재산을 은닉하거나 부정소비하고, 고의로 재산목록에 기입하지 않거나 재산처분행위를 하는 경우에는 상속의 포기 또는 한정승인을 한 경우에도 법적단순승인으로 보고 피상속인의 빚을 갚아야 하는 경우가 발생할 수 있다. 따라서 상속이 발생하여 빚이 더 많을 가능성이 있다고 여겨지는 경우에는 상속재산의 처분, 소비 등에 주의를 기울여야 한다.

만약 내 자녀가
이렇게 된다면…

지금까지 살펴본 것처럼 '상속'은 부자들만의 문제가 결코 아니다. 가족의 공동재산을 지키고 불릴 수 있는 적극적인 재테크 개념으로 상속 문제를 바라볼 필요가 있다. 아래의 사례처럼 자녀가 예기치 못한 사고를 당했을 경우 아무런 준비를 해놓지 않았다면 자녀에게 큰 불행을 안겨줄 수 있다. 소설 같은 불운을 겪은 한 거액의 상속 소녀 이야기를 살펴보자.

온 가족을 잃고 9억여 원의 상속을 받은 소녀가 삼촌에게 입양된 뒤 상습적으로 폭력에 시달린 사실이 경찰 수사에서 드러나 주위를 안타깝게 하고 있다.

A(13.중2)양에게 불행의 그림자가 드리우기 시작한 것은 9세 철없는 나이였던 20XX년 2월 중순. 아버지와 어머니, 오빠 등 단란했던 가족 3명과 함께 자신의 생일을 맞아 모처럼의 외식을 위해 다함께 차를 타고 부대를 나서던 중 15톤 덤프트럭이 운전사의 졸음운전으로 이들이 탄 승용차를 덮쳤다.

이 사고로 A양은 다행히 목숨을 건졌지만 사랑하던 가족 3명을 모두 먼저 떠나

보내야 했다. 온 가족을 잃은 슬픔에 잠겨있던 A양은 사고로 인해 아버지의 퇴직금과 유족보상금, 가족들의 교통사고 피해보상금 등 명목으로 모두 9억 3천여만 원이라는 거액을 상속받게 됐다.

하루아침에 거액 상속녀가 된 그녀를 맡을 사람이 없게 되자 A양의 친가와 외가 가족들은 회의를 거쳐 유일한 삼촌인 김모(43)씨의 딸로 입양시키고 친권자 권리를 넘기기로 결정했다. 가족들은 또 유산 가운데 3억 5천만 원만 A양이 18세가 된 이후 찾을 수 있도록 합의, 보험료로 일시 납입하고 나머지는 1억 9천여만 원씩 나눠 가졌다. 그런 A양이 1억 9천여만 원을 양육비 명목으로 받은 김씨 부부로부터 학대를 받기 시작한 것은 지난해 7월부터다.

법적으로 친권을 획득한 김씨 부부가 A양이 18세가 된 이후 찾을 수 있도록 약속했던 보험을 임의로 해약하고 받은 보험료 납입금과 양육비 명목으로 받은 1억 9천여만 원 등 6억 2천여만 원 가운데 대부분을 주식 투자 등으로 탕진한 뒤였다.

A양이 학대를 받은 이유는 단지 "밥을 빨리 먹지 않는다"는 것이었다.

A양은 "밥 먹는 시간을 재 1초를 초과할 경우 10대를 때리겠다"며 시계를 들이댄 삼촌 김씨 부부 앞에서 겁에 질려 음식물을 흘리면 흘린 음식물을 입으로 핥아먹어야 했고 이를 빌미로 수시로 구타도 당했다.

A양은 또 같은 이유로 알몸 상태에서 둔기로 머리를 맞았고 "잘못했다"고 용서를 구하면 김씨 부부가 부엌타월을 강제로 입에 쑤셔넣고 스카치테이프가 발리는 등 인간 이하의 대우를 1년여 동안이나 참아야 했다.

A양의 조부와 외조부 측에서도 이 같은 사실을 알고 있었지만 친권을 포기하면서 받은 돈 때문에 김씨 부부에게 별 다른 항의를 하지 않았던 것으로 알려졌다.

A양의 이 같은 말 못할 피해는 모범생인 A양이 학대를 견디다 못해 수 차례 가출하고 이를 보다 못한 A양의 외사촌이 아동학대예방센터에 신고하면서 드러나게 됐다. 이러한 학대내용은 아동복지법 위반 혐의로 구속된 삼촌 김씨의 구속영

장에 적시돼 있다.

A양에 대한 김씨 부부의 파렴치한 범행은 경찰 조사 과정에서 대부분 확인됐지만 친족간의 재산범죄에 대해서는 형사처벌이 면제된다는 내용의 형법상 '친족상도례(親族相盜例)' 조항 때문에 가로챈 돈에 대해서는 처벌이 불가능한 상태다.

아동학대예방센터에 보호 중인 A양은 당시 받은 학대로 지금도 정신과 치료를 받고 있는 데다 김씨 부부가 재산을 탕진해 6개월 내에 친권자를 찾지 못할 경우 빈털터리로 고아원에 가야 할 기구한 형편이다.

(대구=연합뉴스 2005.12.09)

이 사례처럼 부모가 사고 등으로 사망하여 자녀에게 거액의 보험금이나 보상금이 나왔을 때 주변의 일가친척이 유산을 가로채고 학대하는 사건은 우리 주변에서 심심찮게 일어나는 게 사실이다. 미성년 자녀의 법정대리인이 자녀의 정당한 유산을 자녀를 위해 사용한다는 명목으로 야금야금 써버린다면 망자를 두 번 죽이는 것이다. 미성년자 자녀를 위해 자녀의 재산을 관리하고 양육할 후견인을 유언으로 지정하지 않은 경우에는 법에서 정한 순위에 따라 후견인이 지정되는데 친가나 외가의 조부, 조모 중 가장 연장자가 1순위가 된다. 만약 조부 등이 없으면 증조부대로 넘어가게 되고 증조부대가 없는 경우에는 삼촌, 외삼촌, 고모, 이모 중에서 연장자가 선순위 후견인이 되도록 하고 있다. 앞의 사례에서는 삼촌이 후견인으로 지정되었던 것이다. 그런데 후견인이 조카를 위해 노력을 하기는커녕 어린 조카의 유산을 탕진해버리고 심지어 학대까지 하는 소설 같은 일이 발생한 것이다. 재산을 자녀에게 남겨준다고 부모의 의무를 다하는 것은 아니다. 이러한 문제를 미연에 차단하기 위해 후견인 순위를 차분히 살펴보고 아이들을 믿고 맡길 누군가를 한번쯤은 생각해보아야 한다. 후견인을 유언으로 지정해 둔다면 만일의 경우를 대비할 수 있는 좋은 해결책이 될 수 있다. 문제는 유언으로 후견인을 지정할 수 있음에도 불구하고 대부분의 사람들은 아무 대책 없이 그냥 법이 정하는 대로 맡겨버리는 데 있다.

요즘처럼 이혼이 빈번하여 부모 중 일방이 미성년 자녀를 양육하는 경우 친권 및 후견인과 관련된 상속 문제는 더욱 이슈가 되고 있다. 얼마 전 한 유명 연예인이 사망한 이후 논란이 되었던 것도 바로 상속 문제였다. 거액의 상속재산을 받게 된 두 자녀는 모두 미성년자이기 때문에 이들의 재산을 성년이 될 때까지 대리해서 관리하고 양육해줄 법정대리인이 누가 될지에 대해 대한민국의 여론이 들끓었다. 이혼 등으로 단독 친권자로 된 사람이 사망했을 때 생존 부모의 친권이 자동 부활되는 문제가 도마 위에 올랐기 때문이다. 만일 법대로 친권이 자동부활된다면 두 자녀는 친권이 회복된 생부의 양육을 받게 되고, 두 자녀가 받은 거액의 상속재산은 생부의 법정대리 하에 관리될 것이기 때문에 문제가 되었다. 물론 두 자녀를 위해서 생부가 양육권과 친권을 갖는 것이 더 좋을 수 있다. 하지만 현행 법률이 자녀의 행복과 의사를 무시한 채 친권자의 이익만을 위하는 제도라는 비판이 압도적이었다. 이러한 여론에 힘입어 현재 후견인 지정에 대한 법은 자녀의 복리향상이라는 측면에서 이혼 등으로 단독 친권자로 된 사람이 사망하거나 실종됐을 때 가정법원이 양육능력, 자녀의 의사 등을 고려해 생존부모를 친권자로 지정하거나 생존부모를 친권자로 하는 것이 부당한 경우에는 청구를 기각하고 후견인을 선임하도록 민법이 개정될 예정이다. 또한 친권을 가진 부모가 사망하기 전 유언으로 자녀의 양육에 적합한 사람을 후견인으로 지정할 수 있게 할 예정이다.

최근 호주제 폐지, 이혼과 재혼의 증가, 부모의 조기 사망 시 친권문제 등의 새로운 사회 이슈가 큰 파장을 일으키고 있다. 그런 만큼 상속과 가족재산에 대한 철저한 계획이 필요하다.

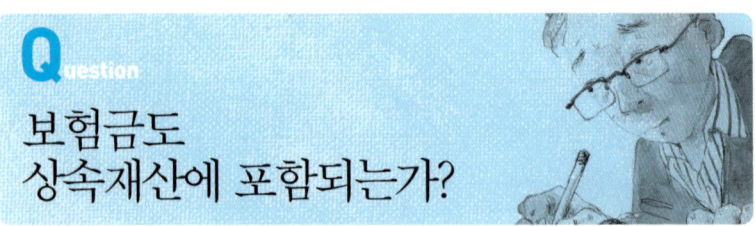

생명보험의 경우 보험금지급 청구권은 사망을 원인으로 발생하므로 상속과 비슷하다. 아래의 사례를 통해 보험과 상속의 관계에 대하여 좀더 자세히 알아보자.

김상호 씨는 올해 50세 초반이며 전업주부인 아내 김미자 씨와 변호사인 장남 김장남(26세), 대학생인 차남 김차남(22세)이 있다. 김상호 씨는 최근 들어 사업체의 빚도 많아지고 사업이 뜻하는 대로 되지 않아 고민하던 중 음주운전 차량에 의해 교통사고를 당했다.

김상호 씨는 현재 금융권과 카드회사 등에 채무가 5억 원이 넘고, 재산으로는 A생명보험회사에 가입해놓은 종신보험(계약자 및 피보험자=본인)이 있을 뿐이다. 종신보험은 김상호 씨가 사망하는 경우 사망원인에 관계없이 3억 원이 사망보험금으로 수익자에게 지급된다. 만일 김상호 씨가 사망하여 상속이 발생하는 경우 법정상속인인 김미자 씨와 김장남, 김차남 씨가 아버지의 빚을 상속받지 않기 위해서 상속포기를 할 경우 종신보험금을 수령할 수 있는가? 만일 종신보험금을 수령한다면 김상호 씨가 채권자에게 진 빚 5억 원을 갚아야 할까?

위의 경우에 김상호 씨의 상속이 발생하는 경우 김상호 씨는 보험금을 제외한 재산이 없고 빚만 있기 때문에 보험금지급 청구권이 민법상 상속재산에 포함된다면 순부채 2억 원(= 보험금3억 원—빚5억 원)만 남기게 되므로 상속을 승인할 이유가 없이 상속포기 또는 한정승인을 해야 한다. 또한 보험금 청구권이 민법상 상속재산에 포함된다면, 김상호 씨의 채권자는 이를 압류하여 자신의 채권을 변제를 받을 수도 있을 것이다. 그러나 보험금지급 청구권이 민법상 상속재산에 해당하지 않는다면 지급받은 상속인 또는 기타수익자의 고유재산으로 인정되기 때문에 채권자는 변제 받을 수 없다. 여기서 보험금 청구권이 상속재산인가 하는 문제가 발생한다.

피상속인이 상속인 또는 제3자를 보험수익자로 지정한 경우

가령, 보험금 수령자를 'ㅇㅇㅇ'이라고 특정하거나, 단순히 '법정상속인'이라고 지정한 경우 그 취득한 보험금 청구권은 민법상 상속재산이 아니며, 보험계약의 효력에 따라 수익자로 지정된 (법정) 상속인의 고유재산으로 인정된다. 이때 상속인이 한정승인 또는 상속포기를 하여도 보험금지급 청구를 할 수 있으며, 상속채권자들은 보험금에 대하여 압류 등을 통한 채권회수를 할 수 없다. 즉, 종신보험의 사망보험금은 '사망시 수익자'를 상속인 또는 특정인으로 정하게 되면 피상속인이 사망할 당시 빚이 상속재산보다 더 많게 되어 상속인들이 상속을 포기하더라도 사망 시 수익자인 김미자 씨는 보험사에 사망보험금을 정당하게 청구할 수 있으며, 사망보험금을 수령하더라도 상속법상 단순승인으로 인정되지 않게 된다. 본인의 고유재산을 정당하게 수령했기 때문이다.

다만 민법상 권리·의무 규정과는 달리 세법에서는 위와 같은 사망 보험금은 당연히 상속세 신고대상 재산으로 본다. 피상속인이 불입한 보험료로 인해 보험금을 수령했기 때문이다. 세법에서는 누가 보험금을 수령하든지 (수익자) 사망으로 인해 발생하는 보험금에 대한 보험료를 피상속인이 불입했다면 상속세를 내도록 하는 것이다. 이는 상속세는 재산을 물려주는 피상속인의 모든 상속재산에 대해 부과되는 세금이기 때문이다.

● 관련 판례 요약

대법원 2001. 12. 28. 선고 2000다31502 판결【보험금】[공2002.2.15.(148),365]
생명보험의 보험계약자가 스스로를 피보험자로 하면서, 수익자는 만기까지 자신이 생존할 경우에는 자기 자신을, 자신이 사망한 경우에는 '상속인'이라고만 지정하고 그 피보험자가 사망하여 보험사고가 발생한 경우, 보험금 청구권은 상속인들의 고유재산으로 보아야 할 것이고, 이를 상속재산이라 할 수 없다.

대법원 2000. 12. 24. 선고 2001다65755 판결
서울고법 2000. 5. 24. 선고 2000나777 판결

위와 같은 판례의 취지로 볼 때, 보험금을 수령한 후에도 상속을 포기할 수 있고, 상속을 포기한 후에도 보험금을 청구할 수 있을 것으로 생각된다. 여기서 주의할 것은 피상속인과 관련된 여러 보험 중에서 피보험자가 사망하여 받게 될 종신보험금은 상속인의 고유재산에 속할 것이며 따라서 상속을 포기한 자가 이를 수령하여도 상관없을 것이다. 하지만 교통사고 사망 시 피상속인의 자기차량 파손에 따른 자기차량손해보험금은 피상속인의 고유재산인 상속재산에 속하기 때문에 상속인이 이러한 자기차량손해보험금을 수령하게 되면, 상속을 포기한다 하더라도 단순승인으로 간주될 수 있어 피상속인의 다른 모든 빚을 갚아야 하는 불상사가 생길 수도 있다. 따라서 상속발생 시 재산보다 빚이 많은 경우 보험금을 수령할 일이 생겼다면 피상속인의 상속재산에 속하는 보험금과 상속인의 고유재산에 속하는 보험금을 분류하여 수령 여부를 결정하기 위해 전문가의 도움을 받는 것이 좋다.

지금으로부터 약 5년 전 고교동창의 소개로 교육 사업을 하는 회사의 교육담당자를 알게 되었고, 이것이 인연이 되어 생전 처음 강의라는 것을 하게 되었다. AFPK(Associate Financial Planner Korea)자격인증 시험 과목 중 하나인 '상속 및 사업승계 설계'가 그것이다.

상속과 가사에 관한 강의를 시작한 지 2년 정도 지났을 무렵 선물로 책을 받았는데, 그 책이 《돈 걱정 없는 노후 30년》이었다. 아주 현실적이었던 만큼 충격 역시 큰 책이었다. 그때만 해도 저자에 대한 관심은 미처 갖지 못했다. 그러다 우연한 기회에 고득성 저자를 만나게 되었는데, 내가 그를 마주한 첫 느낌은 '프로'였다. 정갈한 복장에 반듯한 걸음걸이, 상대방을 주시하는 눈빛과 여유로우면서도 자신감 있는 표정에 살짝 미소를 머금고 있는 그의 모습을 보고 '자신의 분야에 대해서 상당한 자신감을 가지고 있구나' 하는 생각이 들게 만들었다.

그 인연을 계기로 저자는 내게도 상속과 관련된 책을 한 번 써보라고 권유한 적이 있다. 상속 이야기로 책을 쓰고 싶다는 생각은 하고 있었으나, 딱딱하고 재미없는 법률 이야기를, 법률 전문가가 아닌 일반 사람들에게 어떻게 하면 쉽고 재미있게 읽힐 수 있을지가 가장 큰 고민이었다. 이러한 핑계로 차일피일 미루고 있었는데 누구보다 '상속'에 대한 문제의식과 관심이 많았던 저자는 몇 년을 고민한 끝에 한 편의 감동적인 소설로 펴냈다. 상속으로 일어날 수 있는 여러 경우의 수를 한 가족의 가족재산 이야기로 엮어냈다는 사실에 무척 놀랐다. 누구나 한 번은 죽게 되어 있는 세상 이치에 누구나 한 번은 겪게 되는 일이 상속이다. 일반 독자들은 책을 읽으면 상속과 함께 가족재산의 필요성을 절감하게 될 것이다.

많은 사건을 다루다 보면 상속이 마치 다툼의 소용돌이처럼 느껴진다. 상속이라는 제도를 인정하고 있는 이유가, 상속재산을 가지고 가족끼리 싸우는 데 취지가 있는 것이 아닌데도 불구하고, '상속' 하면 떠오르는 것이 바로 '재산분쟁'일 정도로 다툼이 많이 일어나는 것이 현실이다.

상속 문제로 다툼이 일어나게 되면 그 다툼의 끝은 격하다 못해 참혹할 정도다. 형제자매 사이의 다툼은 흔한 일이며, 부모와 자식 사이의 분쟁 또한 적지 않다. 소송에서는 서로 자신의 몫을 키우기 위하여 상대방을 헐뜯게 되고 감정의 골이 깊어지게 된다. 소송이 끝나게 되면 그 사람들은 언제 가족이었냐는 듯 남남보다도 못한 사이가 되고 만다.

피상속인의 재산이 많고 적음에 상관없이 상속의 문제는 발생하며, 분쟁의 씨앗은 항상 존재한다. 국내 최초 '상속'을 소재로 쓴 이 책은 분쟁의 씨앗으로만 여겨지는 상속의 문제가, '가족재산'을 통해 아름다운 꽃씨가 될 수 있다는 것을 보여주기에 더욱 큰 가치가 있다.

결국 누구나 겪을 수밖에 없는 상속을 통하여 우리가 어떤 식으로 대비해야 하는지, 어떻게 가족재산을 관리해야 하는지를, 저자는 그 이상의 꼼꼼함으로 이를 쉽게 풀어가고 있다.

책 속 주인공 김수성의 가족 이야기는 바로 우리의 이야기이다. 언제든지 우리에게 일어날 수 있는 평범한 사건들과 그로 인해 발생할 수밖에 없는 돈과 가족을 둘러싼 문제를 다루고 있다.

오랜만에 법서가 아닌 책을 졸린 눈을 비비며 읽었다. 책을 읽으면서 김수성과 함께 흥분하고 슬퍼하고 있는 나를 발견하곤 아직 감성이 메마르지 않았구나 하는 생각을 했다. 그리고 정작 나 스스로도 상속과 가족재산에 대하여 아무 준비를 하지 않고 있다는 사실을 깨닫게 되었다. 오늘 저녁엔 아내와 우리 가족재산에 대하여 이야기해보고 유언장도 한번 써보려 한다.

- 조상원